DEUTSCHE BIERE

Ingeborg Pils

DEUTSCHE BIERE

BIERMARKEN, SORTEN & BRAUTRADITION

Parragon

Bath • New York • Singapore • Hong Kong • Cologne • Delhi
Melbourne • Amsterdam • Johannesburg • Shenzhen

Hinweis für den Leser

In dem vorliegenden Buch konnten wir aus Platzgründen nur einen Teil der zahlreichen deutschen Biermarken vorstellen. Unsere Auswahl unterliegt subjektiven Kriterien (und Vorlieben) und wurde unter anderem beeinflusst durch die Bereitschaft der von uns angesprochenen Brauereien, sich an dem Projekt zu beteiligen. Die präsentierten Biermarken stellen daher keinesfalls eine qualitative Wertung hinsichtlich der vorgestellten gegenüber nicht vorgestellten Marken dar.

Alle Informationen und Texte wurden sorgfältig recherchiert und überprüft. Wir müssen jedoch darauf hinweisen, dass inhaltliche Fehler nicht völlig auszuschließen sind und wir für die Richtigkeit der Angaben keine Gewähr übernehmen können. Eine Verpflichtung oder Haftung für fehlerhafte Angaben, Auslassungen oder etwaige Unrichtigkeiten, können weder vom Verlag noch den am Projekt beteiligten Mitarbeitern übernommen werden.

Korrekturhinweise und Ergänzungen werden wir für künftige Auflagen gerne berücksichtigen.

Parragon
Chartist House
15–17 Trim Street
Bath BA1 1HA, UK
www.parragon.com

Producing: ditter.projektagentur GmbH
Bildrecherche und Bildredaktion: Claudia Bettray
Gestaltung und Layout: Claudio Martinez
Lektorat: Irina Ditter

ISBN 978-1-4723-2732-1
Printed in China

INHALT

Vorwort

„Am guten Bier ist mehr gelegen denn an Goldessenzen, Herzpulvern und sonstigen Siebensachen. Oh, wenn die Obrigkeit darauf dächte, wie die Leute hierinnen zu versehen wären! Ich will allen zu Gemüthe führen, dass Brauhäuser und Bierkeller die vornehmsten Apotheken sind." So schrieb um 1730 der kursächsische Hofmedicus Professor Joachim Friedrich Henckel, Mitglied der Pariser Akademie. Die heilkundige Äbtissin Hildegard von Bingen brachte die Forderung des Doktors bereits Jahrhunderte früher auf die schlichte Formel: „Cerevisiam bibat – Man trinke Bier."

Dass der Gerstensaft ein gesundes Getränk ist, das für erhöhte Herztätigkeit sorgt, die Nierentätigkeit und den Stoffwechsel fördert, ist sicher eine erfreuliche Begleiterscheinung. Sicher ist dies jedoch nicht der Hauptgrund, warum das Bier immer noch das beliebteste alkoholische Getränk der Deutschen ist. Seien wir ehrlich: Es ist der schiere Genuss, den das kühle, bitter-milde Hopfengetränk vermittelt. Ein frisch eingeschenktes Bier, das honiggelb leuchtet, mit einer schönen festen Schaumkrone und einem Tropfen, der am beschlagenen Glas außen herunterrinnt – bei diesem Anblick wird jedem Freund eines gepflegten Biers die Kehle trocken. Die Weisheit des Volksmunds bringt es auf den Punkt: „Durst wird durch Bier erst schön."

In Zusammenarbeit und mit Unterstützung vieler deutscher Brauereien ist dieses Buch entstanden – für Bierfreunde und alle, die es werden wollen. Leider fehlt manch ein Bier, das wir gerne vorgestellt hätten, weil nicht jede von uns angesprochene Brauerei an unserem Projekt teilnehmen wollte. Bieretiketten unterliegen aber dem Markenrecht und dürfen nur mit Erlaubnis der Brauerei abgebildet werden. Es kann also sein, dass ausgerechnet das eigene Lieblingsbier in diesem Sachbuch nicht vorkommt. Dafür bitten wir um Verständnis.

Die deutsche Braulandschaft ist lebendig und verändert sich ständig. Deshalb sind alle Informationen und Erklärungen in diesem Buch unverbindlich.

Ingeborg Pils

Geschichte und Geschichten

Die Deutschen und das Bier

Deutschland ist das Land der Biere und der Biertrinker. Nirgendwo auf der Welt gibt es eine so große Vielfalt an Biermarken mit so unterschiedlichen Geschmackstypen, nirgendwo in Europa fließt so viel Gerstensaft durch die Kehlen durstiger Zecher. Der jährliche Bierkonsum in Deutschland ist mehr als doppelt so hoch wie im europäischen Durchschnitt – wobei der Bierkonsum eines Landes nicht zwangsläufig dem Pro-Kopf-Verbrauch der Einwohner entspricht. Nicht nur auf dem größten Bierfest der Welt, dem Oktoberfest in München, und an Deutschlands längster Theke in Düsseldorf tragen Besucher aus allen Kontinenten tatkräftig zum deutschen Bierkonsum bei.

1.339 Brauereien und Braustätten wurden 2012 in Deutschland gezählt, davon fast die Hälfte in Bayern. Haus- und Hobbybrauer, von denen es nach Angabe des Bayerischen Brauerbunds zahllose im Land gibt, erscheinen nicht in der Statistik. Mit 632 betrieblichen Braustätten zählt Bayern nach wie vor die meisten Sudhäuser der Republik. Mit ca. 4.000 bayerischen Marken sind rund drei Viertel aller deutschen Biermarken im Freistaat beheimatet. Das meiste Bier floss jedoch nicht in Bayern, sondern in Nordrhein-Westfalen. Jeder vierte Liter Bier wird dort getrunken.

Das Kölner Martinsviertel ist ein beliebter Treffpunkt. Hier genießen Einheimische wie Touristen ihr Kölsch in unmittelbarer Rheinnähe.

Ein frisch eingeschenktes Bier, das honiggelb leuchtet und von einer festen Schaumkrone bedeckt wird – das liebste alkoholische Getränk der Deutschen.

Zahlen und Fakten

Längst sind die Deutschen nicht mehr Weltmeister im Biertrinken. Zwar ist Bier immer noch das beliebteste alkoholische Getränk, doch der Absatz sinkt beständig. 1995 lag der jährliche Bierkonsum bei 164,6 Liter pro Kopf, 2012 waren es nach Angaben des Deutschen Brauer-Bunds nur noch 105,5 Liter pro Kopf. Insgesamt belief sich der Bierabsatz in Deutschland 2012 auf 96,5 Millionen Hektoliter – ein doch merklicher Rückgang seit Beginn des Jahrtausends: Im Jahr 2000 tranken die Deutschen noch 109,8 Millionen Hektoliter. Biermischungen mit Limonade, Cola, Fruchtsäften und anderen alkoholfreien Zusätzen machten 2012 rund 4,5 Prozent des Gesamtbierumsatzes aus. An der Spitze der Beliebtheitsskala liegt nach wie vor das Pils, gefolgt von Export, Weizen und Hellem.

Bier gehört vor allem bei jüngeren Menschen zum Lifestyle. Doch es wird nicht einfach Bier getrunken. Fast 90 Prozent aller Biertrinker können spontan ihre Lieblingsbiermarke nennen. Die Markentreue reicht allerdings nicht immer bis zur Verkaufstheke. Nur jeder Fünfte ist seinem Lieblingsbier wirklich treu. Gekauft wird immer häufiger die Biermarke, die gerade am günstigsten ist. Sehr zum Ärger der Brauer, die deshalb verstärkt auf individuelle Flaschen, aufwendig gestaltete Etiketten und neue Sorten setzen.

Der Bierkonsum ist in Deutschland mehr als doppelt so hoch wie der europäische Durchschnitt – und 90 Prozent aller Biertrinker können spontan ihre Lieblingsmarke benennen.

Anfang des 20. Jahrhunderts hatten die Pferde- und Ochsengespanne als reguläre Transportmittel ausgedient. Die Brauereien – wie hier die Brauerei Bosch – stiegen auf Lkw um.

Bier ist nicht gleich Bier

Bier braucht und gibt Heimat. Viele deutsche Brauereien stehen auch heute noch emotional für bestimmte Regionen. Nach dem Motto des Deutschen Brauer-Bunds „Wir für hier!" schaffen es viele Brauereien, auch bei kritischen Verbrauchern das Vertrauen in regionale Produkte und die Qualität von Bier greifbar und erlebbar zu machen. Das gilt sowohl für große nationale Brauereien mit ihren deutschland- und weltweit vertriebenen Bieren als auch für die kleinen lokalen Braustätten. Beide, so der Deutsche Brauer-Bund, stiften Identifikation mit der deutschen Bierkultur.

Früher war es einfach: Im Norden dominierte das würzig-herbe Pils, im Süden die eher süßlich-süffigen Märzen- und hellen Lagerbiere, später kam das Weißbier hinzu. In Thüringen bis hoch zur Ostseeküste schätzten Biertrinker das süffige Schwarzbier. Im Norden Bayerns rund um Bamberg und Kulmbach werden traditionell Spezialbiere wie Rauchbier (Schlenkerla), das Ungespundete, Zwickelbier und kräftige Bockbiere gebraut. Die auch als Bierfranken bekannte Gegend, eine der bierkonsumfreudigsten Regionen Deutschlands, verweist stolz auf einen Pro-Kopf-Verbrauch von ca. 280 Litern pro Jahr. Typisch für das Ruhrgebiet war lange Zeit das Exportbier, das hauptsächlich rund um Dortmund gebraut wurde. Köln ist bis heute weit über die Stadtgrenze

Für jedes Bier gibt es das richtige Glas, das dazu beiträgt, dass sich das Aroma ideal entfalten kann.

Gerstensaft für helle Köpfe

Mehr als die Hälfte aller Deutschen über 16 Jahre trinkt zumindest gelegentlich Bier. Während der Anteil der Bierliebhaber bei einfachen Angestellten etwa 52 Prozent beträgt, steigt dieser Wert bei leitenden Angestellten auf etwa 62 Prozent, bei Akademikern sogar auf über 72 Prozent. Und auch ein anderes Vorurteil muss revidiert werden: Längst ist Bier kein Männergetränk mehr. Fast die Hälfte aller Frauen genießt wenigstens ab und zu ein kühles Helles. Trotzdem: Nach einer Erhebung des Bundesministeriums für Ernährung, Landwirtschaft und Verbraucherschutz (BMELV) trinken Männer im Vergleich zu Frauen immer noch fast die siebenfache Menge Bier.

Frisch gezapft aus dem traditionellen Holzfass schmeckt das Bier einfach am besten. Davon ist ein Großteil der Bierkenner überzeugt.

hinaus berühmt für sein helles Kölsch, das Regionalschutz genießt. Im benachbarten Düsseldorf ist das dunklere Altbier zu Hause.

In den letzten Jahrzehnten gingen viele regionale Bierspezialitäten auf Wanderschaft und eroberten neue Bundesländer. So verdrängte das bayerische Weißbier nahezu die klassische Berliner Weiße, ein Weizenbier, das mit einem Schuss Himbeer- oder Waldmeistersirup aromatisiert wird. Das Pils machte sich in Bayern breit, und das Schwarzbier hat sich fast deutschlandweit in hippen Szenekneipen einen Stammplatz erobert. Vielleicht liegt das auch daran, dass man selbst in der Fremde nicht auf sein Lieblingsbier verzichten will. Bier ist eben doch ein Stück Heimat.

Die Altstadt von Bamberg gehört zum Weltkulturerbe der UNESCO. Zwischen den Dächern mit alten Biberschwanzziegeln ragt der alte Brauturm empor.

Wer hat's erfunden? die Sumerer

Auch wenn das Bierbrauen in Deutschland auf eine mehr als tausendjährige Geschichte zurückblickt, erfunden haben wir den köstlichen Gerstensaft nicht. Da muss man schon ein paar Jahrtausende mehr in der Braugeschichte zurückgehen. Erste Kunde vom Bier kommt von den Sumerern, die zwischen dem vierten und dem zweiten Jahrtausend vor Christus das Zweistromland zwischen Euphrat und Tigris in Vorderasien bewohnten, den heutigen Irak. Die Keilschriften auf alten Tontafeln erzählen, wie damals Bier gebraut wurde: Gerste oder Emmer, ein Vorfahre des Weizens, wurden gemahlen, mit Wasser und Sauerteig zu einem Teig verknetet und gebacken. Die Brotfladen zerkrümelte man anschließend, weichte sie in Wasser ein und stellte sie in Krügen mehrere Tage zum Gären in die Sonne. Sobald das Gebräu kräftig schäumte, wurde es durch ein Sieb abgegossen und mit geriebener Rettichwurzel oder Honig gewürzt. Fertig war das Urbier, das zwar ziemlich trüb und nicht lange haltbar war, aber dank der Röstaromen des Brots recht süffig gewesen sein muss. Es wurde durch lange Röhrchen aus Krügen geschlürft oder vor dem Trinken abgeseiht, um Schwebeteilchen herauszufiltern.

Fragment des Codex Hammurabi, der 282 Gesetzesparagraphen in babylonischer Keilschrift umfasst, darunter auch das erste überlieferte Gesetz gegen Bierpanscherei.

Unten: Die Ruinen einer griechischen Tempelanlage aus dem 3. Jahrhundert v. Chr. in Qasr el-Abd westlich von Aman in Jordanien.

Die Babylonier vereinfachten später das Bierrezept und vergoren – ohne den Umweg über das Brot zu gehen – geröstetes Getreide direkt mit Wasser. Wie wir heute wissen, brauten die Babylonier 20 verschiedene Biersorten aus Gerste, Emmer oder einem Getreidegemisch, die alle obergärig waren. Bier hatte einen hohen Stellenwert. Der gestrenge König Hammurabi erließ 1700 v. Chr. das erste uns bekannte Gesetz gegen Bierpanscherei, enthalten im Codex Hammurabi, der insgesamt knapp 300 Gesetzesparagraphen umfasste. Hammurabi verfügte, dass die Übeltäter in ihren Fässern ertränkt oder so lange mit Bier vollgegossen werden sollten, bis sie ersticken. „Wer zum Bier andere Zutaten als Gerste und Hopfen nimmt, wird in seinem Brautopf ersäuft." Die Fuggerstadt Augsburg griff übrigens diese Idee im Mittelalter wieder auf und bestrafte Biersünder auf ähnliche Weise.

Durch Bier zum kultivierten Menschen

Das Gilgamesch-Epos aus dem dritten Jahrtausend vor Christus berichtet von den Heldentaten des sumerischen Königs Gilgamesch, einem despotischen Halbgott, der außergewöhnliche Kräfte besaß. Um ihn in seine Schranken zu verweisen, erschufen die Götter Enkidu, ein wildes, menschenähnliches Wesen, das sich mit ihm messen sollte. Enkidu lebte zunächst bei den Tieren und lief auf allen vieren. Gilgamesch schickte ihm eine Frau, die ihm Manieren, Essen und Trinken beibringen sollte. Nachdem Enkidu ein halbes Dutzend Brote gegessen und sieben Krüge Bier geleert hatte, wurde ihm leicht ums Herz, er wusch sich und ging fortan als Mensch aufrecht auf zwei Beinen durchs Leben. Es geht aber auch umgekehrt: Manch fröhlicher Zecher verliert heute nach sieben Krügen Bier wieder den aufrechten Gang.

Emmer, auch Zweikornweizen genannt, ist eine der ältesten Getreidearten der Welt. Er wurde zum Brotbacken und Bierbrauen verwendet.

Im alten Rom war Bier eher ein Heil- als ein Genussmittel. Bei den Gelagen servierten die Sklaven Mulsum, eine Mischung aus Wein und Honig oder mit Wasser verdünnten Wein.

Von den Pharaonen in den hohen Norden

Nach den Babyloniern kamen die Ägypter. Sie betrieben das Bierbrauen in großem Stil und gründeten die ersten „Staatsbrauereien". Auch im Reich der Pharaonen hatte jeder Bürger Anspruch auf seine Bierration, die – abhängig von seinem sozialen Status – bis zu vier Krüge täglich betragen konnte. Bei seiner Hochzeit musste der Pharao seiner Gemahlin per Ehevertrag jeden Tag zwei Krüge Bier zusichern. Soldaten und Beamte bekamen ihren Sold zum größten Teil in Form von Bier und Brot ausgezahlt, Priester ließen sich ihre Dienste bei Beerdigungen mit Bier und Brot bezahlen. Verstorbenen gab man Bier und Brot als Wegzehrung mit auf den Weg durch die Unterwelt ins Jenseits.

Im alten Ägypten wurde den Toten in Tongefäßen alles mitgegeben, was sie für das Leben im Jenseits benötigten. Dazu gehörte auch das Bier.

Wie wichtig das Bier im alten Ägypten war, zeigt, dass dafür ein eigenes Schriftzeichen entwickelt wurde. Die Hieroglyphe für Mahlzeit setzte sich aus den Zeichen für „Bier" und „Brot" zusammen. Ob uns dieser antike Klassiker geschmeckt hätte, ist fraglich. Das trübe, unfiltrierte Bier war meist süß, denn die Ägypter verfeinerten es mit Honig, Datteln, Feigen oder Zitrusfrüchten und würzten es mit Anis, Nelken, Ingwer und Zimt. Das milderte die Bitternoten und gab ihm eine fruchtige eigenwillige Würze.

Zum Glück endet die Geschichte des Biers nicht mit dem Ende des Pharaonenreichs. Die Griechen schauten das Bierbrauen zwar bei den Ägyptern ab und gaben ihre Kenntnisse an die Römer weiter, beide konnten jedoch wenig mit dem fremdartigen Gebräu anfangen. Als Getränk bevorzugten sie Wein. Als Heilmittel bei Fieber und Schlaflosigkeit war Bier hingegen beliebt und geschätzt.

Nördlich der Alpen erlebte die Bierkultur ihre nächste Blüte. Auch hier war das Bierbrauen wie schon bei den Sumerern, Babyloniern und Ägyptern Frauensache, ebenso wie das Brotbacken. Die Germanen entdeckten, dass es sinnvoll ist, die Bierwürze zunächst in einem Braukessel zu erhitzen oder zu sieden. Eigentlich war den Göttern der Wein bestimmt, den Sterblichen das Bier und den Bewohnern des Totenreichs der Met. Doch scheinen die germanischen Helden auch in Walhalla dem Bier gerne und reichlich zugesprochen zu haben. Angeblich hatten ihre Götter Thor und Tyr einst am Himmelsgewölbe einen großen Sudkessel angebracht, an dem sich Göttervater Wotan bisweilen einen Wettstreit mit der göttlichen Braumeisterin Frigga lieferte.

Die Römer hielten Bier zunächst für einen Barbarentrank. Der Gelehrte Tacitus schreibt in der *Germania*, dem ersten ausführlichen Bericht über das Leben der Germanen, ihnen diene als Getränk eine Flüssigkeit aus Gerste oder Weizen, die eine gewisse Ähnlichkeit mit Wein aufweise. Damit sollen sie wahre Saufgelage veranstaltet haben. „Tag und Nacht durchzechen sie und man könnte sie ebenso gut durch die Lieferung berauschender Getränke überwinden wie durch Waffengewalt." Der mit Eichenrinde, Harz, Wacholder oder Pilzen gewürzte Gerstensaft verlieh den Germanen Mut und Kraft. Was für die tapferen germanischen Krieger gut war, sollte auch die römischen Legionäre stärken, fand Julius Cäsar und versorgte seine Truppen stets mit der nötigen Ration Bier. Cäsars Truppen brachten gallisches Bier dann nach Britannien, wo es bis heute sehr geschätzt wird.

Götterspeise: Das Relief aus dem 2. Jahrtausend v. Chr. zeigt einen Pharao, der den Göttern Ra und Hathor Milch und Bier opfert.

Gutes aus Klöstern

Im Frühmittelalter war das Bierbrauen zur Selbstversorgung Frauensache. Das änderte sich kurz vor der Jahrtausendwende. In den Klöstern nahmen sich nun auch die frommen Mönche des Gerstensafts an. Früh schon suchten die gottesfürchtigen Männer nach einem nahrhaften und zugleich wohlschmeckenden Getränk, das sie auch an Fastentagen stärkte. „Liquida non frangunt ieunum“ (Flüssiges bricht das Fasten nicht) besagte eine wichtige Fastenregel – jedem Mönch waren deshalb bis zu fünf Liter Bier pro Tag gestattet. Und Fastentage gab es damals reichlich, rund 160 im Jahr. Die kärgliche Nahrung, die an solchen Tagen erlaubt war, wurde dank des flüssigen Brots aufgebessert.

Zunächst brauten auch die Klöster nur für den Eigenbedarf, doch schnell sprach sich auch außerhalb der Klostermauern die außergewöhnliche Qualität der Biere herum. Die lag unter anderem daran, dass sich die Mönche mit viel Fleiß, Hingabe und Können der Aufgabe des Bierbrauens widmeten. Und sie entdeckten den Hopfen als Konservierungs- und Aromastoff, der dem Bier nun eine würzig-herbe Note gab und es haltbarer machte. Ein großer Fortschritt.

Im Jahr 1040 verlieh der Freisinger Bischof dem bayerischen Kloster Weihenstephan das Brau- und Schankrecht. Schriftlich mit Brief und Siegel belegt wurde dieses Schankrecht allerdings erst im Jahr 1146. Deshalb gilt Weihenstephan heute zwar als die älteste noch existierende Brauerei der Welt, den Ruhm der ältesten Klosterbrauerei, die seit 1050 in Betrieb ist, beansprucht aber das Kloster Weltenburg bei Kelheim für sich.

Im Hochmittelalter gab es bereits über 500 gut florierende Klosterbrauereien. Ein Nürnberger Kloster soll jährlich über 300.000 Liter Bier produziert haben. Was die Nonnen und Mönche nicht selbst tranken, verschenkten sie an die Armen oder verkauften

In der Klosterbrauerei Irsee im Allgäu werden heute noch naturtrübe Bierspezialitäten nach alten überlieferten Rezepturen gebraut.

es in den Klosterschenken. Gegen ein gewisses Entgelt erhielten die Klöster das Recht, mit dem Bier gewerblichen Handel zu treiben. Das spülte schnell und zuverlässig Geld in die oft leeren Klosterkassen. Doch mit dem Erfolg kamen auch die Neider. Bürgerliche Brauereien und Schankwirte sahen in den Klöstern unliebsame Konkurrenten, die ihnen die Gäste wegnahmen. Zudem waren die Klosterbrauereien von Brauverboten, die bei Hungersnöten verhängt wurden, ausgenommen und mussten keine Steuern auf das Braurecht bezahlen. Was sie bei ihren bürgerlichen Konkurrenten nicht gerade beliebter machte.

Die Beschwerden bei den Landesherren häuften sich. Einige Landesfürsten schlossen Klosterbrauereien, und immer wieder griffen die Brauergilden auch zur Selbstjustiz und brannten Klosterschenken einfach nieder. Um dem Unmut und den Unruhen Einhalt zu gebieten, erließ Kaiser Sigismund (reg. 1410–1437) ein Verbot des öffentlichen Verkaufs von Klosterbier und der Führung von Bierschenken durch Mönche und Weltgeistliche. Mit der Säkularisation von 1803 verschwanden die meisten Klosterbrauereien. Sie wurden aufgelöst oder an weltliche Konkurrenten verkauft.

Oben: Bereits im frühen Mittelalter prägte die Freude der Mönche an Genuss und Wohlbefinden den Geschmack der Irseer Klosterbiere.

Bei Sammlern hoch im Kurs stehen die kunstvollen Bierkrüge, die viele Brauereien als Sondereditionen herausgeben.

Norddeutsche Braukunst

Neben den Klosterbrauereien gab es in Süddeutschland noch die Hof- und Adelsbrauereien, die mit dem Privileg des Landesherren tätig waren. Teils hatte der Adel das Brauwesen früh als lukrative Einnahmequelle erkannt und sich die Vergabe der Brauprivilegien gesichert, teils leiteten die Herren von Stand auch selbst ihren Braubetrieb. Es gab königliche, herzögliche, kurfürstliche und gräfliche Brauhäuser. Noch heute steht ein bayerischer Prinz aus dem Haus Wittelsbach an der Spitze der Brauerei in Kaltenberg.

Klosterbrauereien und gewerbliche Brauereien hatten im Süden Deutschlands damals nur lokale Bedeutung. Bis in das 15. Jahrhundert trank man hier bei Weitem mehr Wein als Bier. Anders in Norddeutschland, wo aufgrund des Klimas kein Wein angebaut werden konnte. Schon im Mittelalter galt dort das Bier als „bürgerliche Nahrung" und unterstand bürgerlichem Recht. Verordnungen über das Bierbrauen gingen deshalb in Norddeutschland in erster Linie von den Stadtverwaltungen und Zünften aus, während im Süden die Landesherren direkten Einfluss darauf hatten. Die Zunftordnungen der norddeutschen Brauer waren streng. Deshalb war ihr Bier bis zum Inkrafttreten des Reinheitsgebots qualitativ besser als das im Süden und nicht nur im eigenen Land beliebt. Die Stadt Magdeburg exportierte be-

Einpock

Die kleine Hansestadt Einbeck zählte Anfang des 16. Jahrhunderts mehrere hundert Brauereien und lieferte ihr Bier in alle deutschen Lande. Im Jahr 1550 gehörten auch die bayerischen Herzöge zu ihren zufriedenen und durstigen Kunden. Das Bier aus Einbeck hieß „einpöckisch pier", später wurde daraus das „Einpock Bier", das sich zum „Bockbier" wandelte. Als dem bayerischen Herzog Wilhelm V. die Bierrechnungen aus Einbeck zu teuer wurden, erbaute er 1589 ein Brauhaus in München, holte einen Braumeister aus Einbeck und begann, sein eigenes Bier zu brauen.

Bier hat die Hansestadt Einbeck reich gemacht. Davon zeugen noch heute die prächtigen Fassaden alter Fachwerkhäuser.

reits seit dem 11. Jahrhundert Bier in die Länder im Osten, Bremen lieferte nach Flandern, Skandinavien und England. 1293 bekam Dortmund von Adolf von Nassau das Braurecht verliehen und entwickelte sich zu Deutschlands größter Bierstadt.

Die Hanse, zu der sich die freien Städte des Nordens zusammengetan hatten, öffnete dem Bierhandel die Meere des Nordens. Die selbstbewussten Bürger der Hansestädte nahmen das Bierbrauen selbst in die Hand und ließen sich von keinem Adelsprivileg schrecken. Bald schlossen sich die Stadtbrauer zu Zünften zusammen und organisierten den Bierhandel selbst. Durch die Entwicklung und Erschließung der Handelswege wurde das Bier schnell beliebtes Handelsgut. Im 14. Jahrhundert erlebten die im Hansebund zusammengeschlossenen Städte einen wahren Boom. Hamburg galt als Brauhaus der Hanse und Bremen wurde bedeutendster Brauhandelsort.

Oben: Das Tor zur Welt, auch für die in Übersee beliebten deutschen Exportbiere: der Hamburger Hafen in früherer Zeit.

Unten: Tradition und Moderne – das neue Gebäude der Störtebeker Brauerei in Stralsund, im Hintergrund die alte Brauerei.

Wilhelm IV. (1493–1550), Herzog von Bayern, war der Schöpfer des bayerischen Reinheitsgebots, das bis heute Gültigkeit hat.

Das Reinheits-gebot

Jahrhundertelang wurden zum Bierbrauen die eigenartigsten Zutaten verwendet. Zur Förderung der Heilkraft und als Vorbeugung gegen Krankheiten setzte man dem Gerstensaft allerlei Kräuter zu: Wermut gegen Gallenprobleme, Salbei als Schutz vor Skorbut und Zahnweh oder Beifuß gegen Frauenleiden. Als geradezu lebensgefährlich stellte sich die Beigabe von Sumpfporst oder Bilsenkraut heraus – im Volksmund „Rauschgras" und „Tollmännle" genannt, weil sie für drogenähnliche Rauschzustände sorgten. Manchmal wanderten auch giftige Kräuter in den Sudkessel – für Magenkrämpfe nach dem Biergenuss wurden dann einfach Hexen verantwortlich gemacht und zur Verantwortung gezogen. Auch wenn das Bier umkippte und sauer wurde, schob man die Schuld auf die Bierhexen. Um sich und das Bier vor ihrer Hexenkunst zu schützen, stellte man Talismane rund um den Sudkessel auf. Bis Ende des 16. Jahrhunderts wurde Bierhexen der Prozess gemacht. Offiziell verlor 1591 die letzte Brauhexe auf dem Scheiterhaufen ihr Leben.

Möglich, dass Wilhelm IV., Herzog von Bayern, die immer mehr um sich greifende Bierpanscherei und ihre Auswirkungen satt hatte. Andere Quellen behaupten, der gottesfürchtige Monarch hätte Angst um das tägliche Brot gehabt, weil der Weizen immer häufiger zum Bierbrauen und nicht zum Brotbacken verwendet wurde. Wie dem auch sei: Am 23. April 1516 trat der Bayerische Landständetag – Landadel und Ritterschaft – unter Vorsitz des Herzogs in Ingolstadt zusammen und erließ für alle bayerischen Brauer ein strenges Reinheitsgebot: „Ganz besonders wollen wir, daß forthin allenthalben in unseren Städten, Märkten und auf dem Lande zu keinem Bier mehr Stücke als allein Gersten, Hopfen und Wasser verwendet und gebraucht werden sollen."

Es war nicht die erste gesetzliche Regelung, die sich mit der Sauberkeit der Zutaten beim Bierbrauen befasste. Ihr waren zahlreiche regionale Vorschriften mit teilweise drakonischen Strafandrohungen vorangegangen. Der erste urkundliche Beleg stammt aus dem Jahr 1156, als die Stadt Augsburg festsetzte: „Wenn ein Bierschenker schlechtes Bier macht oder ungerechtes Maß gibt, soll er gestraft werden …".

Münchner Brauerstolz. Schon 1487 war das Münchner Reinheitsgebot erlassen worden, wie der Maibaum auf dem Viktualienmarkt stolz dokumentiert.

Nürnberg erließ 1301 ein „Gerstengebot", das durch die Stadtbehörden streng kontrolliert wurde. Aus dem thüringischen Weißensee stammt die Wirtshausverordnung von 1434, die festlegte, dass Bier nur aus Hopfen, Malz und Wasser gebraut werden darf. Denn schon damals wanderten auch Hirse, altes Brot, Hafer oder Dinkel in die Sudpfannen.

Das Reinheitsgebot, dessen Grundtext kontinuierlich verbessert und fortgeschrieben wurde, begründete den Weltruf des deutschen Biers. Es ist die älteste noch gültige lebensmittelrechtliche Vorschrift der Welt. Bis heute darf deutsches Bier laut Gesetz ausschließlich aus Malz, Hopfen, Hefe und Wasser hergestellt werden.

DIE ZUNFT DER BRAUER

Die alte Abbildung zeigt den Bischof von Tournai, Belgien, der von König Chilperich I. ein Fass Bier überreicht bekommt.

Schon im Mittelalter hatten sich die norddeutschen Brauer in Zünften mit strengen Zunftordnungen organisiert. Noch im 15. und 16. Jahrhundert waren die Anforderungen für die Aufnahme in das Brauhandwerk hoch. Grundvoraussetzungen waren wie bei allen anderen Handwerksberufen der Nachweis der ehelichen Geburt und der Besitz des Bürgerrechts. Doch bei den Brauern kam noch eine finanzielle Komponente dazu: Das Brauhandwerk erforderte Kapital. Deshalb verliehen beispielsweise die bayerischen Herzöge das Recht, ein Brauhaus zu errichten und zu führen, nur an wohlhabende (und damit auch einflussreiche) Bürger, die ein eigenes Grundstück besaßen. In Köln konnte sich ab dem Jahr 1497 nur als Brauer selbstständig machen, wer nach vierjähriger Lehrzeit und zweijähriger Gesellenzeit sowie nach Erreichen des Mindestalters von 22 Jahren die dem Amt schuldigen Gebühren und Zechen sowie das Meisteressen bezahlt hatte. Außerdem musste der angehende Brauherr ein zukünftiges Brauhaus ererbt, gekauft oder auf mindestens sechs Jahre gemietet haben – es sei denn, das Brauamt gestattete ihm den Bau einer neuen Braustätte.

Bierbrauer bei der Arbeit auf einem historischen Holzschnitt von Jost Amman (1539–1591) aus dem Ständebuch 1568.

Königliche Braumeister

Im Haus Hollenzollern musste jeder Prinz einen bürgerlichen Beruf erlernen. Und so schickte der Soldatenkönig Friedrich Wilhelm I. von Preußen seinen Sohn Friedrich während dessen Festungshaft in die Brauerlehre, damit er lerne, „wie das Brauwesen muß traktieret, gemaischet, das Bier gestellt, gefaßt und überall dabei verfahren sein muss, auf daß es gut sey". Aus dem fertigen Braumeister wurde später der „Alte Fritz", König Friedrich der Große.

Im Süden wie im Norden war der Brauhausbesitzer, der „Bräu", eine privilegierte und einflussreiche Respektsperson. Das Recht, ein Brauhaus zu führen und Bier zu brauen, wurde vererbt und sicherte künftigen Generationen Wohlstand und Ansehen. Aus Aufzeichnungen der Stadt Köln geht hervor, dass sich im Jahr 1417 unter den 431 reichsten Kölnern 42 Brauer befanden. Ihr Standes- und Selbstbewusstsein war entsprechend hoch. In die Zunftstube des Brauerzunfthauses hatte nur Zutritt, „dessen Namensschild mit Hausmarke oder Wappen, schön der Anciennität nach, an den Wänden aufgehängt war." Bei groben Verfehlungen konnte das Schild umgedreht oder ganz weggenommen werden, was den Ausschluss aus der Zunft bedeutete.

Oft war der Brauhausbesitzer nicht zugleich auch der Braumeister, sondern engagierte sich politisch und gesellschaftlich und bekleidete ein öffentliches Amt wie das eines Schöffen oder Bürgermeisters. Zu richtigen Bierbaronen wuchsen die Brauhausbesitzer im 19. Jahrhundert in München heran, allen voran die Brauereibesitzer Brey (Löwenbräu), Sedlmayr (Spaten) und Pschorr. In den Braustätten standen Braumeister, Gesellen und Lohnknechte an den Sudkesseln. Viele Braumeister besaßen ein subjektives Braurecht und waren dafür verantwortlich, dass die jeweiligen Brauverordnungen strikt eingehalten wurden. So mussten sie beispielsweise während des ganzen Brauvorgangs anwesend sein und darauf achten, dass nicht zu viel Wasser zugeschüttet, nicht unrechtmäßig gepanscht und kein Umgeld, eine Art Biersteuer, hinterzogen wurde.

Historisches Foto von Braumeister und Brauerburschen der LöwenBräu, aufgenommen wahrscheinlich Ende des 19. Jahrhunderts.

Das Bier und die Kälte

Mitte des 19. Jahrhunderts stellten immer mehr deutsche Brauereien von dem bisher üblichen obergärigen Braunbier auf die untergärige Lagerbier-Herstellung um. Das untergärige Bier blieb länger frisch und schmeckte den meisten Biertrinkern besser. Einziger Nachteil: Das Bier braucht für den Brauvorgang besonders niedrige Temperaturen. Deshalb konnte es nur in den Wintermonaten bei entsprechend kühlen Temperaturen gebraut werden. Über den Sommer lagerte es in Felsstollen, Höhlen oder tiefen gemauerten Kellergewölben, die mit Natureis gekühlt wurden, und reifte aus, um dann im Herbst getrunken zu werden.

Für die Kühlung ihrer Bierlager sammelten die Brauer im Winter Natureis, das bis März in die Keller und

Im Mittelalter befanden sich die Bierkeller tief unter der Erde. Hier herrschten fast das ganze Jahr über konstante kühle Temperaturen.

Mit Hilfe spezieller Eisgerüste produzierten manche Brauereien riesige Eiszapfen zur Kühlung ihrer Bierlager.

Blick in den Eiskeller eines ehemaligen Eishauses aus dem Jahre 1850 mit Eisrutsche, Eisschrank und dem Werkzeug, um die Eisblöcke aus dem See zu holen.

Stollen eingebracht wurde. Das Eis wurde aus zugefrorenen Seen und Flüssen geschnitten und mit Pferdefuhrwerken in die brauereieigenen Keller gebracht. Zunächst war das Naturgut Eis kostenlos, das änderte sich aber, als es wegen des steigenden Bedarfs und der gewerbsmäßigen Nutzung in den Lagerkellern immer knapper wurde. Man brauchte Eis nämlich nicht nur zur Kühlung der Lagerräume, sondern auch für die Bierproduktion – allein im Produktionsprozess rechnete man vor 100 Jahren mit einem Eisbedarf von etwa 100 Kilogramm Eis je Hektoliter gebrauten Biers. Die Eigentümer der Gewässer erkannten den steigenden Wert und begannen, sich durch Vergabe oder Verpachtung der Eisnutzung im Winter ein regelmäßiges Einkommen zu sichern.

Damals entstanden die ersten Eisfabriken. 1868 verfügten die Eiswerke von Carl Bolle in Rimmelsburg über 18 Eiskeller, in denen jeweils 30.000 Zentner Natureis gelagert wurde, das im Winter aus dem Rummelsburger See gebrochen wurde. Um die Ausgaben für Natureis in Grenzen zu halten, legten viele Brauereien eigene Weiher für Eisteiche an. Eine andere Möglichkeit war die Produktion von riesigen Eiszapfen. Dafür wurden große spezielle Holzgerüste – meist direkt über Kellerschächten platziert – im Winter mit Wasser übergossen, sodass sich bis zu drei Meter lange Eiszapfen bildeten. Waren die Eiszapfen groß genug, wurden sie abgeschlagen, in die Keller herabgelassen und dort mit Säcken und Stroh eingepackt. Das Eis hielt den ganzen Sommer über.

Dann kam die technische Kälte: 1871 wurde in der Münchner Spaten-Brauerei versuchsweise eine Kältemaschine nach Plänen des Physikers Carl von Linde installiert. Seine Entwicklung der Kältetechnologie auf dem Gelände der Spaten-Brauerei führte zur Revolutionierung der Lebensmitteltechnologie – auch bei der Herstellung und Lagerung von Bier. Nun war es endlich möglich, das ganze Jahr über Bier bei konstanter Temperatur gären zu lassen. 1879 gab Carl von Linde seine Lehrtätigkeit an der Technischen Universität München auf und gründete mit zwei Brauern und drei weiteren Gesellschaftern die „Gesellschaft für Linde's Eismaschinen AG". Bald schon war das Unternehmen in Europa führend auf dem Gebiet der Kältetechnik.

Im Winter 1883/84 wurde, bedingt durch sehr milde Temperaturen, das Natureis knapp, das bis dahin zum Kühlen in den Bierkellern verwendet worden war. Das Misstrauen, mit dem viele Brauer bis zu diesem Zeitpunkt der neuen Technik und dem Kunsteis gegenübergestanden hatten, schmolz buchstäblich dahin. Linde's Kühltechnik war plötzlich so gefragt, dass der Erfinder sogar eigene Kühlhäuser und Kunsteiswerke erbauen ließ.

Das Korn zum flüssigen Brot

Zum Brauen untergäriger Biere verwendet man hauptsächlich Gerste, die vermälzt wird.

Die Klosterbrauereien hatten einst den Begriff „flüssiges Brot“ für das Bier geprägt. Zum einen, weil der Gerstensaft den Klosterbrüdern und –schwestern tatsächlich als Nahrung an den strengen Fastentagen diente. Aber der Vergleich mit dem Brot hatte auch einen handfesten Grund: Beide, Bier und Brot, brauchen Getreide und Hefe. Der wichtigste Bestandteil des Biers ist das Malz, das aus Gerste oder Weizen gewonnen wird, wobei Weizen vor allem für Weißbier/Weizenbier verwendet wird.

Der wichtigste Vorgang beim Mälzen ist das Keimen des Getreides. Das „Grünmalz“ entsteht durch das Einweichen der Getreidekörner in Wasser. Dabei bilden die Körner kleine grüne Triebe und Würzelchen, die später wieder entfernt werden. Am Ende der Keimung hat das Getreide 40 bis 50 Prozent Wasser aufgenommen; die natürlich vorhandenen Enzyme haben Eiweiß und Stärke „aufgeschlossen“, also verfügbar gemacht. Nun wird es Zeit, das Wachstum zu unterbrechen. Das geschieht durch „Schwelken“ (Trocknen bei 50 bis 70 Grad) oder „Darren“ (rösten bei 85 bis 105 Grad), je nachdem, ob helles oder dunkles Bier aus dem Malz gebraut werden soll. Anschließend wird das Malz geschrotet und mit Wasser zur „Maische“ aufgekocht, die dann nochmals mit Wasser verdünnt und mit Hopfen gesotten wird. So entsteht die „Stammwürze“.

Malz bestimmt Geschmack und Farbe des Biers. Deshalb wird die Qualität regelmäßig überprüft.

Hopfen und Hefe

Wer nun als Erster entdeckt hat, dass der Hopfen die ideale Bierwürze ist, ist nicht überliefert. Erstmal erwähnt wird der Hopfen im 12. Jahrhundert. Da bezeichnet die Äbtissin Hildegard von Bingen in ihrem Kräuterbuch den Hopfen erstmals als „der Bierbrauer Würtz". „Der Hopf is a Tropf", sagen die Bauern in der niederbayerischen Hallertau, dem größten zusammenhängenden Hopfenanbaugebiet der Welt. Hier wird der Hopfen, das „Grüne Gold", geerntet, das dem Bier sein herbes, leicht bitteres Aroma verleiht. Jedes Jahr wächst er aus der Wurzel vom Boden ab neu und bildet bis zu acht Meter lange Triebe, die sich an Drähten zu hohen Gestellen hochranken. Und zwar immer rechts herum, niemals links.

Die Hallertau ist das größte zusammenhängende Hopfenanbaugebiet der Welt. Hopfen- und Rapsfelder bedecken, wie hier bei Furth, weite Teile der Region.

Männliche und weibliche Pflanzen wachsen getrennt, und nur die weiblichen taugen zum Bierbrauen. Sie bilden kleine Blütenzapfen, die wie winzige Artischocken aussehen. Auf ihrem Blütenboden sitzen kleine Drüsen, die Lupulin enthalten. Darin befinden sich die Bitterstoffe, die dem Bier seinen typischen Hopfengeschmack geben. Vor allem aber hemmt Lupulin die Entwicklung von Bakterien und trägt so zur Haltbarkeit des Biers bei.

Schließlich wird noch Hefe zum Brauen gebraucht. Sie löst den Zucker aus der Stärke des Malzes und verwandelt ihn in Alkohol und Kohlensäure. Nach der Art des Gärvorgangs und der verwendeten Hefe unterscheidet man zwischen „untergärigem" und „obergärigem" Bier. Beim untergärigen sinkt die Hefe nach Abschluss des Gärvorgangs nach etwa zehn Tagen auf den Boden des Gärbottichs, beim obergärigen steigt sie an die Oberfläche und schwimmt auf der Flüssigkeit.

Der Brauprozess

Bierbrauen ist eine Kunst. Bereits der erste Arbeitsschritt, das Mälzen der Gerste, ist eine Wissenschaft für sich, schließlich prägt das Malz Gehalt und Aroma des Biers. Zunächst wird die Gerste in Wasser eingeweicht und zum Keimen gebracht. Dabei werden Enzyme gebildet oder aktiviert, die später beim Mälzen und Brauen für Stoffumwandlungen sorgen und ungelöste Substanzen in lösliche umwandeln. Ist die Keimung weit genug fortgeschritten, wird sie durch Trocknen (Darren) gestoppt. Dem sogenannten Grünmalz wird Wasser entzogen und damit die Enzymtätigkeit unterbunden. Temperatur und Dauer des Darrens entscheiden, ob als Endprodukt helles oder dunkles Malz entsteht, aus dem später helles oder dunkles Bier gebraut wird.

Anschließend wird das Malz geschrotet und im Sudhaus mit Wasser vermischt. Das Malz-Wasser-Gemisch, die Maische, wird nun über einen bestimmten Zeitraum (zweieinhalb bis vier Stunden) unterschiedlichen Temperaturen ausgesetzt, wobei immer mehr Stärke des Malzes in vergärbaren Zucker umgewandelt wird. Danach erfolgt die Trennung der Maische in die festen Bestandteile (Treber) und die zucker- und eiweißhaltige Flüssigkeit (Würze). Die Würze wird mit Hopfen versetzt, in der Würzepfanne gekocht und anschließend geklärt. Je nach Biersorte dauert das Kochen bis zu zwei Stunden. Der Treber, ein wertvoller Eiweißträger, wird zumeist verfüttert.

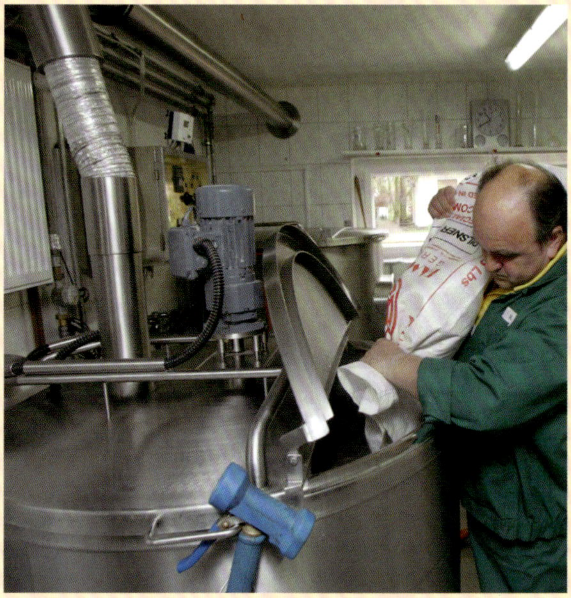

Harry Erchen von der Gievitzer Braumanufaktur beim Einmaischen. Dabei wird das geschrotete Malz mit Wasser in einem bestimmten Verhältnis gemischt.

Viele Brauereien züchten ihre Brauhefe in eigenen Reinzuchtanlagen, so auch die Brauerei Lübz.

Beim untergärigen Bier wird zum Schluss die Würze auf ca. 6 °C abgekühlt und sieben bis acht Tage mit Hefe vergoren, die sich nach dem Brauen unten absetzt. Obergärige Biere werden bei 16–20 °C etwa vier Tage mit Hefe vergoren, die nach dem Brauen oben auf dem Sud schwimmt und dort einen gewaltigen weißen Schaum bildet, den „Kräusen". Für die Herstellung obergäriger Biere dürfen neben Gerste auch andere Getreide wie Weizen oder Dinkel sowie weitere Zusätze (Zucker, Zuckersirup, Zuckercouleur, Milchsäurebakterien) verwendet werden. Im kühlen Lagerkeller gärt das Jungbier mehrere Wochen nach und reift aus, bevor es filtriert und in Flaschen oder Fässer abgefüllt wird. Die während der Reifung entstehende Kohlensäure reichert sich im Bier an, der Geschmack enthält seine endgültige Ausprägung.

Grundsätzlich werden Biere in untergärige und obergärige Arten unterschieden. Der Stammwürzegehalt eines Biers vor der Gärung bestimmt dessen Zuordnung zu einer von insgesamt vier Biergattungen: Einfachbier, Schankbier, Vollbier und Starkbier. Schließlich gibt es bestimmte Sorten, die Unterschiede im Brauprozess oder in der Menge und Zusammensetzung der verwendeten Rohstoffe aufweisen. Die wichtigsten Biersorten haben wir auf den nächsten Seiten zusammengefasst.

Kupferner Sudkessel, in dem die Maische bei verschiedenen Temperaturen gekocht wird. Je nach Rezeptur kann das einige Stunden dauern.

Bei obergärigen Bieren wie dem Aventinus Weizenbock steigt die Hefe beim Gären an die Oberfläche und bildet dort einen dicken weißen Schaum, der später abgeschöpft wird.

Biersorten

Pils

BIER-TYPOLOGIE:
Untergäriges helles Vollbier
Stammwürze: 11–14 Prozent
Alkohol: ca. 4,8 Prozent
Trinktemperatur: 6–8 °C

Auch wenn es im Norden der Republik das meist genossene Bier ist – das „kühle Blonde“ stammt von einem Bayern. Josef Groll aus dem niederbayerischen Vilshofen braute das untergärige, stark gehopfte Bier 1842 zum ersten Mal in der tschechischen Stadt Pilsen im neu erbauten „Bürgerlichen Brauhaus“ nach einem Rezept seines Vaters, nachdem der Magistrat der Stadt die örtliche Bierqualität bemängelt hatte. Das Bier ersetzte die vormals beliebten obergärigen Sorten und trat von Pilsen aus seinen Siegeszug an – zuerst in Preußen, erst viel später auch in Bayern.

Ein gutes Pils ist strohgelb, blitzblank und hat eine dichtporige, sahnige Schaumhaube, die es vor allem dem Saazer Aromahopfen verdankt. Es muss zunächst langsam gezapft werden – in ein dünnwandiges Glas, das sich häufig nach oben hin verjüngt. Wenn sich der erste Schaum gesetzt hat – nach etwa drei Minuten –, wird dem Pils „die Krone aufgesetzt“.

Das Pils wurde – wie der Name schon verrät – in der tschechischen Stadt Pilsen zum ersten Mal gebraut. Das Bild zeigt das Jubiläumstor der Stadt von 1892.

Die bayerische Landeshauptstadt München ist unter anderem Heimat des Münchner Hell, das ausschließlich aus Gerstenmalz gebraut wird.

Helles / Export (Lager)

BIER-TYPOLOGIE:
Untergäriges helles Vollbier aus Malzen des „Wiener Typs"
Stammwürze: 11–14 Prozent (Export: etwa 12 Prozent)
Alkohol: 4,6–5,6 Prozent
Trinktemperatur: etwa 8 °C

Das helle, süffige Lagerbier ist nach dem Weißbier die zweitstärkste bayerische Biersorte und eine bayerische Spezialität. Malzig und weniger hopfenbetont ist diese goldgelbe untergärige Biersorte etwas milder und körperreicher als die norddeutschen Biere. Es hat einen angenehmen, feinwürzigen, dezent bitteren Abgang. Das vollmundige, bernsteinfarbene Münchner Hell wurde erstmals 1889 gebraut und verdrängte bald das bis dahin in München übliche dunkle, leicht süße Vollbier.

Braugrundlage der bayerischen Lagerbiere ist ausschließlich Gerstenmalz, der sogenannte „Wiener Typ". Das untergärige Bier wird vor dem Abfüllen klar gefiltert, deshalb bezeichnet man es auch als „blankes" Bier. Im 19. Jahrhundert wurde als Lagerbier noch untergäriges Bier bezeichnet, das im Sommer in kühlen Felsenkellern reifte, um dann im Herbst getrunken zu werden. Heute heißen diese Biere in Deutschland „Export", im angelsächsischen Sprachraum jedoch weiterhin Lager.

WEISSBIER (WEIZENBIER)

Weißbier – ein Bier wie Bayern. Frisch und rein wie ein Sommertag in den bayerischen Bergen mit Blick auf das Wettersteingebirge und die Zugspitze.

BIER-TYPOLOGIE:
Obergäriges Vollbier aus mindestens 50 Prozent Weizenmalz sowie Gerstenmalz
Stammwürze: 11–14 Prozent
Alkohol: 5–5,5 Prozent
Trinktemperatur: 7–8 °C

Weißbier ist eine nur mäßig gehopfte, spritzige Bierspezialität, gebraut mit obergäriger Hefe aus Weizen- und Gerstenmalz. Es schmeckt frisch mit leichten Fruchtnoten von Banane und exotischen Früchten. Je nachdem, wie dunkel das Malz ist, wird das Bier hell bernsteinfarben bis nussbraun. Der vollmundige Geschmack entwickelt sich bei der Nachgärung, die in der Flasche oder im Fass stattfindet. Dabei entsteht nicht nur der endgültige typische Geschmack, sondern auch viel Kohlensäure. Deswegen wird Weißbier in den charakteristischen schlanken und hohen Weißbiergläsern ausgeschenkt. Das Glas wird zunächst mit kaltem Wasser ausgespült und beim Einschenken schräg gehalten, damit sich nicht zu viel Schaum bildet.

Hefeweißbier, ob hell oder dunkel, ist naturtrüb, weil die Schwebstoffe, insbesondere die Hefe, im Bier verbleiben. Beim Kristallweizen hingegen werden nach der Hauptgärung die Trubstoffe herausgefiltert. Das klare, helle Weizen erinnert wegen der vielen im Glas

aufsteigenden Kohlensäurebläschen an Sekt und hieß deshalb früher auch „Champagnerweizen". Bei jungen Menschen und Sportlern wird das leichte Weißbier immer beliebter, das rund 40 Prozent weniger Alkohol und dementsprechend auch weniger Kalorien hat. Seine fruchtig-säuerliche Frische mit zarten Anklängen von Zitrusfrüchten macht es zum idealen Durstlöscher für ernährungsbewusste Genießer.

Kellerbier (Zwickel, ungespundetes Bier)

BIER-TYPOLOGIE:
Naturtrübes, ungefiltertes, helles untergäriges Vollbier
Stammwürze: 11–14 Prozent
Alkohol: 4,5–5,5 Prozent
Trinktemperatur: etwa 8 °C

Kellerbier gehört wie seine „Brüder“ Zwickel (Zwickl) oder Kräusenbier zu den naturtrüben Bieren, bei denen die Hefe nicht herausgefiltert wird. „Ungespundet“, d. h. fast ohne Gegendruck, durchläuft es die Nachgärung und enthält weniger Kohlensäure als andere Biere. Dadurch wird es bekömmlicher. Im Geschmack etwas voller als ihre „blanken“ Varianten haben diese opaken Biere mit ihrem warmen ockerfarbenen Farbton leider auch einen etwas höheren Kaloriengehalt. Allerdings sind sie der Beweis dafür, dass Bier nicht nur nahrhaft ist, sondern auch schön und gesund macht. Denn Bierhefe ist ein Elixier für eine reine, straffe Haut und glänzendes Haar und stärkt die Abwehrkräfte.

Die lustige Bezeichnung „Zwickel“ leitet sich vom keilförmigen Holzzapfen auf dem Spundloch des Fasses ab. Kräusenbier, eine andere Variante, bildet bei Gärungsbeginn eine gekräuselte Schaumschicht auf der Oberfläche der Würze.

Zwickelbiere sind in Franken sehr beliebt. Das Foto zeigt den Main in Unterfranken bei Marktheidenfeld, wo Martinsbräu sein Zwickl Kellerbier braut.

Düsseldorf ist nicht nur die Altbier-Metropole, sondern auch der Sitz vieler Medienunternehmen, die Büros in den modernen Gebäuden des neuen MedienHafens haben.

Alt

BIER-TYPOLOGIE:
Obergäriges, dunkelbernsteinfarbenes Vollbier
Stammwürze: ca. 11,5 Prozent
Alkohol: ca. 4,8 Prozent
Trinktemperatur: 8–10 °C

Seit dem Mittelalter schwelt die Rivalität zwischen Köln und Düsseldorf, zwei ungleichen Städten, die der Rhein verbindet und auch wieder teilt, denn sie liegen auf verschiedenen Uferseiten. Auch wenn viele Streitigkeiten längst Vergangenheit sind, beim Bier kennen die beiden Städte keine Toleranz. Und deshalb trinkt man in Düsseldorf nur Alt, gebraut nach alter Tradition. Das erfrischend herbe, aromatische Bier mit der angenehmen Hopfennote wird aus kurzen, gedrungenen 0,2-Liter-Gläsern oder Altbierpokalen genossen, meist frisch vom Fass gezapft.

Kölsch

BIER-TYPOLOGIE:
Obergäriges, hochvergorenes helles Vollbier
Stammwürze: ca. 11,3 Prozent
Alkohol: ca. 4,8 Prozent
Trinktemperatur: etwa 8 °C

Das Bier der Domstadt. Eigenwillig, süffig, mit Privilegien bedacht und mit einer geografischen Herkunftsbezeichnung EU-weit geschützt. Lediglich 24 Brauereien in und um Köln dürfen dieses hopfenbetonte Bier brauen.

Kölsch ist weit mehr als ein Bier. Es ist der Ausdruck rheinischer Lebensart. Über die Hälfte des Biers wird in Fässer abgefüllt und in der Gastronomie ausgeschenkt; diesen Wert erreicht kein anderes deutsches Bier. Wegen seines frischen, milden Geschmacks wird Kölsch von vielen männlichen wie auch weiblichen Biertrinkern geschätzt – und vielleicht auch wegen der schlanken, eleganten 0,2-Liter-Kölschstangen, in denen es serviert wird.

Kölsche Lebenslust wird in Brauhäusern beim Kölsch gepflegt – hier der Ausschank der Brauerei zum Pfaffen von Max Päffgen auf dem Heumarkt in der Kölner Altstadt.

Schwarzbier

BIER-TYPOLOGIE:
Untergäriges, sehr dunkles Vollbier aus dunklem Malz
Stammwürze: 11–13 Prozent
Alkohol: 4,8–5 Prozent
Trinktemperatur: etwa 8 °C

Die Farbe trügt – anders, als seine kräftig-dunkle Farbe vermuten lässt, ist Schwarzbier kein Starkbier. Das vollmundige, oft malzbetonte Bier wurde erstmals 1543 in Thüringen urkundlich erwähnt und wird bis heute nach alten traditionellen Rezepturen gebraut. Vor dem Fall der Mauer gehörte das dunkle Braunbier zu den kulinarischen Spezialitäten der DDR, inzwischen hat das spritzige Bier, das stilecht aus dem typischen Schwarzbierpokal getrunken wird, auch die alten Bundesländer erobert.

Ein Stück Alt-Berlin – die Kneipe an der Ecke

Die kleine Kneipe in unserer Straße, da, wo das Leben noch lebenswert ist", hieß es in einem Schlager von Peter Alexander, der vor knapp 40 Jahren etwas wehmütig die langsam aussterbende Kneipenkultur besang. Kneipen gab und gibt es immer noch in ganz Deutschland, doch in keiner Stadt hat die Eckkneipe eine solche Bedeutung wie in Berlin.

Ihre Geschichte begann mit der Industrialisierung Mitte des 19. Jahrhunderts. Hunderttausende arbeitssuchende Menschen drängten vom Land in die Metropole, um sich dort als Industriearbeiter oder Tagelöhner zu verdingen. 1849 hatte Berlin 200.000 Einwohner im arbeitsfähigen Alter. Von 1871 bis 1910 stieg die Einwohnerzahl von 800.000 auf über zwei Millionen an. Der Wohnungsbau kam dem Bedarf nicht hinterher. Ganze Familien pferchten sich in ein einziges Zimmer, tagsüber vermietete man die freien Betten an sogenannte Schlafgänger. Die wöchentliche Arbeitszeit lag Ende des 19. Jahrhunderts bei 72 Stunden.

Der Weg in die Kneipe war oft die einzige Möglichkeit, der Enge und dem Arbeitsalltag zu entfliehen. Arbeiterkneipen waren eine Zuflucht für die Stammgäste, die sich trafen, um ein paar Stunden miteinander zu reden und zu debattieren. Tagelöhner gingen in den Stehausschank. „Anfangs ein Ort, an dem desaströses Branntweinschütten exekutiert wurde, entwickelte sich die Kneipe zu einer Einrichtung, in der man sich beim Bier, dem ‚sozialdemokratischen Saft', in einen gediegenen Rausch politisierte", so die Berliner Stadtzeitung *Scheinschlag*. „Ohne die Kneipe hätte sich das Proletariat gar nicht als eigenständiges Subjekt konstituieren können."

Etwas „besser" war das Publikum in den Eckkneipen, die außer dem Tresen noch Tische und Stühle hatten. Hier trafen sich vorwiegend Handwerker. Im Lauf der Zeit verschmolzen Stehausschank und

Ein Stück Berliner Geschichte sind die Eckkneipen, die Mitte des 19. Jahrhunderts entstanden. Fotografie, um 1920.

Kneipe kommt von kneifen

Ursprünglich ist die Bezeichnung eine Verkürzung des Begriffs Kneipenschenke, der bereits im 18. Jahrhundert existierte. Kneipenschenken waren so eng, dass die Gäste dicht zusammenrücken mussten. Daher leitet sich ihr Name ab: „Kneipen“ kommt vom mittelhochdeutschen Wort „knipen“ (kneifen). Typisch für Kneipen war und ist der Ausschank von Fassbier am Tresen, an dem die Gäste meist auch sitzen können. Im Gastraum befinden sich außerdem Tische oder Stehtische und Stühle. Das unterscheidet die Kneipe vom Stehausschank.

Eckkneipe zu „Arbeiterkneipen“, die zunächst noch etwas schäbig waren. Dann entdeckten die Brauereien die neuen Absatzmärkte. Sie unterstützten, nicht ganz uneigennützig, die Wirte mit Krediten für Renovierungen und Ausbauten. Die Kneipen wurden „wohnlicher“, mit Kronleuchtern an der Decke und Stuck an den Wänden.

Nach dem Zweiten Weltkrieg verloren die Eckkneipen in Westberlin ihre politische Funktion und wurden zu geselligen, bürgerlichen Treffpunkten der Menschen aus dem Viertel. Der nächste Wandel kam nach 1968. Westdeutsche Studenten entdeckten Berlin. Aus Eckkneipen wurden Szenetreffs. Wirte und antibürgerliche Gäste erinnerten sich an die proletarische Vergangenheit der Eckkneipen und rühmten sie als „Orte des kulturellen Gedächtnisses“. Für manche Kneipe zu viel der Ehre. Für zahlreiche Berliner sind Eckkneipen einfach nur wie der Eiffelturm von Paris. „Anschauen bringt gar nichts. Man muss hineingehen.“ Erst dann kann man ihre einmalige Atmosphäre erleben und begreifen.

Berlin – im Westen viel Neues: die Tauentzien-Plastik „Berlin“, dahinter die Kaiser-Wilhelm-Gedächtniskirche und der Ku’damm. Wie die Stadt unterliegt auch die Kneipenszene einem ständigen Wandel.

Eckkneipe an der Ecke Hirtenstraße/Amalienstraße in Berlin. Fotografie von Heinrich Zille, entstanden um 1900.

Das Wirtshaus

Das prächtige Wirtshausschild mit dem goldenen Löwen der Haller Löwenbräu lockt zur Einkehr.

Der offenkundigste Unterschied zwischen Süd- und Norddeutschland zeigte sich schon früh in der Form der Geselligkeit: Süddeutsch-katholische Wirtshauskultur stand gegen norddeutsch-protestantische Häuslichkeit bei Tee und Kaffee. Das bayerische Wirtshaus war – neben der Kirche – stets Mittelpunkt des Gemeindelebens, der Biertisch ein beliebter Ort für Geschäftsabschlüsse. In den Wirtshäusern fand ein reges Vereinsleben statt, es wurde politisiert, mehr oder weniger handgreiflich diskutiert, Karten gespielt und natürlich auch gegessen und getrunken. Ins Wirtshaus ging jeder, Bürger und Handwerker, Adliger und Geistlicher, und bis heute herrscht hier die klassenlose Biergesellschaft.

Die Wirtshäuser waren einfach eingerichtet. Eine umlaufende Holzbank mit Rückenlehne, ein Kachelofen oder ein eiserner Kanonenofen, blank gescheuerte Holztische und robuste Stühle. Die Speisekarte enthielt in der guten alten Zeit bayerische Hausmannskost, die Qualität einer Wirtschaft wurde nach der Bekömmlichkeit des ausgeschenkten Biers und der Größe der Essensportionen beurteilt. Darüber hinaus waren die Wirtshäuser die Hauptbezugsquellen von Bier für zu Hause, denn erst Ende des 19. Jahrhunderts begannen die Brauereien, Bier in Flaschen abzufüllen.

Weinstadt München

Bis Ende des 16. Jahrhunderts wurde in München hauptsächlich Wein getrunken, der meist aus Italien oder Tirol kam. Bier galt als das Getränk der minderen Stände. Die Weinwirte waren so angesehen, dass ihre Zunft im Äußeren Rat der Stadt vertreten war. Allmählich löste das Bier aber den oftmals doch sehr sauren Wein in der Gunst der Münchner ab. Entlang der Hauptverkehrsstraßen siedelten sich die ersten Brauereien an. Neben den Bräustüberln entstanden die ersten Wirtshäuser, die von Brauereien beliefert wurden und die in der Regel auch den Brauereien gehörten.

Bayerische Wirtshausgeselligkeit war bis in die Neuzeit reine Männersache; Ehefrauen und Kinder wurden nur zu besonderen Anlässen mitgenommen. Das einzige weibliche Element in der Wirtshausstube war daher früher die Kellnerin. Damals wie heute waren es meist nicht die hübschen jungen Kellnerinnen, denen die Gunst der männlichen Stammgäste galt, sondern beliebt waren und sind vor allem die resoluten älteren Frauen mit starken Armen, flinken Beinen und einem geübten Gedächtnis. Trotz ihres bisweilen äußerst ruppigen Tons haben sie für „ihren" Stammgast und seine kleinen Kümmernisse stets ein offenes Ohr, waren Mundschenk und Vertraute in einer Person.

Rechts: Seit jeher eine Oase oberbayerischer Gastlichkeit: das Herzoglich Bayerische Brauhaus Tegernsee und seine tüchtigen Kellnerinnen.

Unten: Weiß-blaue Gemütlichkeit. Die BergBrauerei Brauerei-Wirtschaft mit dem typischen Geranienblumenschmuck vor den Fenstern.

Bier und Speisen

Es muss nicht immer Wein sein, der ein Essen perfekt abrundet. Das gilt sowohl für die harmonische Verbindung von Bier und Speise als auch für kulinarische Köstlichkeiten, in denen Bier die Zutat ist, auf die man nicht verzichten möchte.

Doch welches Bier passt nun am besten zu welcher Speise? Sommeliers und Braumeister haben dafür eine ganz einfache Regel: Leichte, spritzige Biere schmecken hervorragend zu leichten Gerichten mit Fisch, Geflügel, Gemüse oder Salat. Dunkle Biere sind ideal zu kräftigen Fleisch- und Wildgerichten. Stark- und Bockbiere gehören zu herzhaften Brotzeiten, Würstchen und Braten.

Pils

Das herbe, edelbittere Bier mit schlankem Antrunk und leichtem Abgang passt besonders gut zu Fisch und Meeresfrüchten, zu Geflügel, Braten, Steaks und Käse.

Helles / Export / Lager

Weil es so süffig ist, schmeckt es zu Brotzeiten mit mildem Käse und Wurst ebenso wie zu Salaten, gekochtem Fisch und Geflügel.

Oben: Nicht nur in Großbritannien schätzt man ein dunkles Bier zu kräftigen Gerichten wie Backfisch.

Links: Ein helles Bier wie das süffige Münchner Hell ist der ideale Begleiter zu deftigen Brotzeittellern mit bayerischen Wurstspezialitäten.

Knuspriger Schweinsbraten mit Sauerkraut, Semmel- und Kartoffelknödeln – nicht nur für Bayern der Inbegriff eines der besten Gerichte zum Bier.

Pils im Kalorienvergleich

Für viele überraschend: 1 Liter Pils enthält etwas weniger Kalorien als die gleiche Menge Apfelsaft und wesentlich weniger Kalorien als die gleiche Menge Wein. Allerdings hat Bier dank der Hopfenbitterstoffe und der Kohlensäure eine appetitanregende Wirkung.

Kölsch / Alt

Beide Biere sind ideal zu Eintopfgerichten, gebratenem Fisch, Fleisch und Geflügel sowie zu würzigen Käsesorten und süßen Desserts.

Weissbier / Weizenbier

Helle Weißbiere passen sehr gut zu Salaten, gekochtem Fisch, Meeresfrüchten, hellem Fleisch, mildem Käse und süßen Desserts. Die dunklen Sorten mit einer Spur Karamell vertragen sich mit mittelkräftigen Käsesorten und Wildgerichten.

Kellerbier

Durch seine Vollmundigkeit passt Kellerbier gut zu Kalbfleisch mit sahnigen Saucen, aber auch zu Geflügel, gekochtem Fisch und Gemüsegerichten.

Bockbier / Starkbier

Mit ihren samtigen Aromen und dem fülligen, malzigen Körper begleiten Bock- und Starkbier kräftige Speisen, Käse sowie Wildgerichte und süße Desserts.

Dunkles Bier / Schwarzbier

Es passt zu Fleischgerichten mit dunklen Saucen, Wildgerichten und gereiften Hartkäsen. In Bayern übergießt man die Schweinebratenkruste damit.

Weit mehr als „nur“ Wahrzeichen der Stadt: der Dom, der einen festen Platz im Herzen jedes Kölners hat – so wie das Kölsch.

Kölner Brauhaus-Kultur

Was dem Wiener sein Kaffeehaus und dem Münchner sein Biergarten, das ist dem Kölner sein Brauhaus: Es ist seine zweite Heimat. Ein Ort, an dem Menschen mit unterschiedlicher Herkunft, Beruf und Bildung zusammenkommen. An den blank gescheuerten Brauhaustischen herrscht die klassenlose Gesellschaft, die nicht nur die Liebe zum frisch gezapften Kölsch verbindet, sondern auch die Leidenschaft zu „verzälle“, zu „politisiere“ und zu „klünjele“. Es ist die Heimat der rheinischen Lebenslust und kölscher Lebensart, die sich in den drei Sätzen zusammenfassen lässt: „Et is, wie et es“ (Es ist, wie es ist), „Et kütt, wie et kütt“ (Es kommt, wie es kommt) und „Wat fott es, es fott“ (Was weg ist, ist weg).

In den Brauhäusern wird die weltoffene und gastfreundliche Kultur der Kölner gepflegt. Natürlich spielt das Kölsch die Hauptrolle, hat es doch über viele Jahrhunderte die Geschichte und Kultur der Domstadt und ihrer Gastronomie geprägt. Doch auch deftige, kräftige Gaumenfreuden gehören zu einem echten Brauhaus wie der Dom zu Köln. Das Essen hat klangvolle Namen wie „Himmel un Ääd“ (Blutwurst mit Kartoffelpüree, Apfelmus und Röst-

Die Kölsch-Konvention

Das ist einmalig: Am 6. März 1986 haben 24 Kölsch-Brauereien aus Köln und der näheren Umgebung zum Schutz ihrer Bierspezialität die Kölsch-Konvention unterzeichnet. Sie legt bindend fest, dass Kölsch ein obergäriges, helles, blankes, hochvergorenes, hopfenbetontes Vollbier ist und nach dem deutschen Reinheitsgebot von 1516 gebraut wird. Aber Kölsch ist nicht nur eine Biersorte, sondern auch eine EU-weit geschützte Herkunftsbezeichnung. Deshalb dürfen nur in Köln ansässige Brauereien Kölsch brauen und vertreiben. Einzige Ausnahme sind Brauereien, die seit jeher Kölsch gebraut haben, auch wenn sie nicht in Köln ansässig waren bzw. sind.

zwiebeln), „Halve Hahn met Röggelche" (Roggenbrötchen mit Butter und einer Scheibe mittelaltem Gouda), „Kölsche Kaviar" (Blutwurst mit Zwiebelringen) und „Hämchen" (Eisbein mit Sauerkraut und Kartoffelpüree).

Die Kellner heißen Köbes. Doch ein Köbes ist nicht einfach „nur" eine Servicekraft. Er ist eine Institution, bekannt und gefürchtet für seine Schlagfertigkeit und seinen herzlich-rauen Witz. „Auf hoher See und vorm Köbes sind alle in Gottes Hand", sagt eine Kölner Redensart. „Köbes", so der Kölner Brauerei-Verband, „ist kein direkter Lehrberuf, zum Köbes muss man geboren sein. Denn mit dem blauen Strickwams (das inzwischen oft ein Hemd ist) und der blauen Leinenschürze übernimmt er auch eine komplette Lebensphilosophie." Im Klartext heißt das, der Köbes bedient wie er will und wann er will.

Köbes können die besten Freunde der Gäste sein, voller Anteilnahme und guter Ratschläge, Beichtväter, Nachrichtenbörsen und Philosophen. Ursprünglich waren es Brauerburschen, die tagsüber beim Bierbrauen und abends beim Ausschank halfen. Der Köbes wohnte bei freier Kost und Logis im Brauhaus und gehörte quasi zur Familie. Sein Name leitet sich wahrscheinlich von der Kölner Übersetzung für Jakob ab.

Wichtigstes Attribut des Köbes ist der Kranz – eine Art Tablett mit bis zu 18 kreisrunden Öffnungen und einem Griff in der Mitte. In die kleinen Öffnungen kommen die Stangen, die schlanken, zylindrischen Kölsch-Gläser mit einem Fassungsvermögen von gerade einmal 0,2 Liter. Fremde sind oft verwundert. Nicht nur wegen der kleinen Biergläser, sondern auch, weil der Köbes ungefragt so lange neues Bier an den Tisch bringt, bis ihm der Bierdeckel auf dem Glas signalisiert: genug getrunken.

Oben: Historische Werbetafel der Privatbrauerei Gaffel in Köln mit dem Brauereigebäude, den Zunftzeichen und der alten Stadtansicht.

Links: Festwagen der Brauerei Heller mit geschmückten Braurössern vor dem Kölner Neumarkt.

Düsseldorf – die längste Theke der Welt

Eieses Prädikat muss man sich erst einmal verdienen: Die Düsseldorfer Altstadt gilt als die längste Theke der Welt. Erfunden hat diesen Slogan ein Werbefachmann in den 1960er-Jahren. In den engen Gassen der Altstadt mit ihren schmalgiebeligen Bürgerhäusern, alten Kirchen und Jugendstilfassaden reiht sich auf einem halben Quadratkilometer Theke an Theke, Kneipe an Kneipe, Restaurant an Restaurant. Zwischen Bolkerstraße, Kurze Straße und Berger Straße tummeln sich über 260 Kneipen und Bars, die heißesten Clubs, die besten Cocktail-Bars, die schönsten Lokale – und die berühmtesten Brauhäuser der Stadt sind hier ansässig. Es ist die Heimat des Altbiers. Nirgendwo sonst schmeckt das obergärig gebraute Bier so gut.

Düsseldorf ist die Metropole des Altbiers, dessen Name sich nicht, wie in Köln bisweilen behauptet wird, von einer zu langen Lagerzeit ableitet, sondern von der „alten“ obergärigen Brauweise. Sie gibt dem Bier seinen besonderen Geschmack, der am besten zur Geltung kommt, wenn man es frisch gezapft im Brauereiausschank einer der sechs Hausbrauereien in der Altstadt genießt. Jede hat ihre eigene Rezeptur

Abendstimmung vor „Zum Uerige“, Düsseldorfs bekanntester Altbier-Hausbrauerei mit Brauausschank.

Rivalität links und rechts vom Rhein

Nur 35 Kilometer Luftlinie trennen die links und rechts vom Rhein liegenden Städte Köln und Düsseldorf – und ein bisschen Wirtschaftsgeschichte. Seit dem Mittelalter hatte das Stapelrecht Köln einen Jahrhunderte andauernden Vorteil vor anderen Rheinanliegern gewährt. Das Recht verpflichtete durchreisende Kaufleute, ihre Waren in der Stadt anzubieten. Als Mitte des 19. Jahrhunderts das Stapelrecht aufgehoben wurde, begannen Köln und Düsseldorf, um die Ansiedlung von Gewerbe, von Verwaltung und von kulturellen Einrichtungen zu konkurrieren. Das war der Beginn einer bis heute andauernden Rivalität zwischen den beiden Städten.

für ihr Obergäriges, jedes Alt hat seine Fangemeinde. Die schönste Art, Düsseldorfer Lebensart und traditionelle Braukunst kennenzulernen, ist eine Altstadtführung durch die fünf bekanntesten Hausbrauereien mit Verkostungen ihrer Altbiere. Die Entdeckungsreise in die Düsseldorfer Bierkultur wird von verschiedenen Veranstaltern als Altbier-Tour, Altbier-Safari, Et lecker Dröppke oder einfach als geselliger Brauerei-Rundgang angeboten. Die Teilnehmer lernen nicht nur die wichtigsten Sehenswürdigkeiten der Altstadt kennen, sondern – was für viele sicher der Hauptgrund für einen Spaziergang ist – auch die Geschichte des Düsseldorfer Altbiers und der Hausbrauereien. Erstaunt erschmeckt der Besucher die Unterschiede zwischen den einzelnen Bieren: das malzige Altbier im Füchschen, das herbe Uerige Alt mit den leckeren Fruchtnoten, das milde, vollmundige Schlüssel-Alt, das vergleichsweise helle Schumacher Alt in der ältesten Hausbierbrauerei oder das feinhopfige Kürzer Alt aus der jüngsten Hausbierbrauerei, die erst 2010 eröffnet wurde. Am Ende der Tour soll so mancher schon bierselig das Altbierlied von Düsseldorfs bekanntester Band, den „Toten Hosen", angestimmt haben: „Wir haben in Düsseldorf die längste Theke der Welt! Ja, ja, ja, ja. Wo ist denn der Held, der mit seinem Geld die Runde bestellt?"

Wenn sich der Tag zum Abend neigt, kehrt in vielen Cafés am Rheinufer Ruhe ein, während in der Altstadt das Thekenleben beginnt.

Die Schwemme ist das Herzstück des Münchner Hofbräuhauses. Früher wurde hier gebraut, inzwischen finden unter den Kreuzgewölben bis zu 1300 Gäste Platz.

Das Hofbräuhaus – ein typisch bayerisches Phänomen

München, Maßkrug und Hofbräuhaus gehören schon seit über 400 Jahren zusammen. Am 27. September 1589 gründete Herzog Wilhelm V. auf dem Gelände der damaligen Herrscherresidenz seine Hofbrauerei – nur wenige Schritte vom heutigen Hofbräuhaus entfernt. 18 Jahre später errichtete sein Nachfolger Maximilian I. eine zweite Braustätte gleich gegenüber. Mit seinem herzoglichen Weißbierbrauhaus schuf er das historische Fundament für das heutige Hofbräuhaus.

Zum Leidwesen der Wirte und privaten Brauer, die um ihre Kundschaft bangten, erklärte Ludwig I. im Jahr 1828 per Dekret die Hofschenke offiziell zur Volksschenke. Bis dahin war das Hofbräuhaus nur den Mitgliedern des Hofs vorbehalten gewesen; das gemeine Volk musste draußen bleiben. Fortan durfte sich jeder sein Bier im Hofbräuhaus kaufen, weshalb die Münchner jubelten, und die Stadtchronik verzeichnete: „Seit wohl das Hofbräuhaus besteht,

Münchner Bierpaläste

Der Münchner Architekt Gabriel von Seidl entwickelte Mitte des 19. Jahrhunderts einen neuen Typus von Gastwirtschaft: die Großgaststätte – künstlerisch gestaltete Festhallen mit Musikpavillons, Vergnügungsparks und gehobenen Restaurants mit Speisekarte, Tischdecken und Silberbesteck. Der Münchner „Bierpalaststil" breitete sich schnell von Mailand bis hinauf nach Skandinavien aus und leitete eine friedliche Revolution ein: Bier wurde salonfähig und gewann selbst in klassischen Weinbauländern wie Italien, Frankreich, der Schweiz und Österreich immer mehr Anhänger.

ist in seinen Räumen kein größerer Jubel gehört worden als an diesem Tag." Ganz uneigennützig war der Entschluss, das Hofbräuhaus dem gemeinen Volk zu öffnen, nicht. Wie sich bald herausstellte, war es eine gute Einnahmequelle für den König.

Ende des 19. Jahrhunderts brauchte man mehr Platz für Gäste, also musste die Brauerei umziehen. Am 22. Mai 1896 wurde der letzte Sud im alten Hofbräuhaus am Platzl angesetzt, am 10. August der erste in der neuen Brauerei am Isarufer. An alter Stätte sollte sich auf einer Grundfläche von 11.000 Quadratmetern bald ein Biertempel mit 3.500 Sitzplätzen erstrecken, errichtet nach den neuesten Erkenntnissen der damals aufblühenden Großgastronomie. Am 22. September 1897 war es soweit, der Bierpalast am Platzl wurde eröffnet: das heutige Hofbräuhaus.

Der Rest ist bekannt. Das süffige Bier, die traditionellen bayerischen Spezialitäten und seine sprichwörtliche Gemütlichkeit haben den Bierpalast im Herzen Münchens zum berühmtesten Wirtshaus der Welt gemacht. Es wurde international zum Symbol barocker Lebensfreude in der Biermetropole München. In der Schwemme im Erdgeschoss treffen sich die Stammtische, hier ist die Musikbühne, auf der täglich Volksmusikanten bayerische Wirtshausmusik spielen. Das Bräustüberl im ersten Stock bietet den besonderen Flair der Jahrhundertwende und stilvolles bayerisches Ambiente. Prunkstück des Hofbräuhauses ist der historische Festsaal im zweiten Stock mit 17,5 Metern Breite und 42 Metern Länge, und der Biergarten mit seinen alten Kastanienbäumen ist im Sommer eine idyllische Oase mitten im Zentrum der Landeshauptstadt. Das Hofbräuhaus, so sagt man, sei eben kein gewöhnliches Wirtshaus, sondern ein typisch bayerisches Phänomen.

Eine der schönsten Ansichten der bayerischen Landeshauptstadt ist der Blick auf die Frauenkirche (links) und das Neue Rathaus (rechts).

Bayerischer Bierkalender

Feiern und genießen, leben und leben lassen – diese nicht erst in der Neuzeit den Bayern nachgesagte Devise zieht sich wie ein roter Faden durch das Jahr. Auf traditionelle Art gefeiert wird im katholischen Freistaat seit alters her gerne und viel. Böse Zungen nördlich der Donau behaupten sogar, dass in der guten alten Zeit nahezu ein Viertel des Jahres in Bayern aus Fest- und Feiertagen bestand. Zu den Festtagen gehörten damals wie heute in erster Linie kirchliche Feiertage wie Ostern, Mariä Himmelfahrt oder Weihnachten. Aber auch die Natur hat der vorwiegend bäuerlichen Bevölkerung über Jahrhunderte reichlich Gelegenheit für fröhliches Essen und Trinken geboten: Sommer- und Wintersonnenwende, der Beginn der Erntezeit und das Erntedankfest. Viele damit verbundenen Bräuche sind bis in die heutige Zeit lebendig. Kein Wunder, gilt doch der Bayer weit über die Landesgrenzen hinaus als überaus sinnenfroher Mensch – in jeder Hinsicht.

Bajuwarischer Brauerstolz: vierspänniger Festwagen der Scherdel-Brauerei mit prächtig geschmückten Braurössern in Hof.

Wie das Märzenbier auf die Wiesn kam

Josef Sedlmayr, Gründer der Franziskaner-Leistbrauerei, braute im Frühjahr 1872 erstmals nach Wiener Vorbild in größeren Mengen ein helleres Bier und nannte es nach dem Braumonat „Märzen". Als während des Oktoberfests im gleichen Jahr das scheinbar Unfassbare geschah – die Bierquellen versiegten, weil der Sommer sehr heiß und die Münchner sehr durstig waren – erinnerte sich der Wiesnwirt Schottenhammel an das Märzen. Etwas stärker als das bislang übliche Bier war es freilich, genau gesagt um vier Kreuzer „stärker". Der Polizeipräsident äußerte Bedenken, fürchtete Krawalle und Unruhen unter der erzürnten, durstigen Bevölkerung, aber die friedlichen Münchner schluckten brav Schottenhammels saftige Forderung und zahlten. Das Märzen, heute das klassische Oktoberfestbier, wurde zum Wiesnschlager. Und bis in unsere Tage hat der Satz von Michael Schottenhammel Gültigkeit: „Wenn d'Münchner was Richtiges kriagn, dann schaugn's des Geld net o."

Eines der schönsten Festbierzelte auf dem Münchner Oktoberfest ist das weiß-blaue Hofbräu-Festzelt.

Essen und Trinken hält Leib und Seele eines Bayern rund ums Jahr bei Festtagslaune. Und so hat jede Jahreszeit nicht nur ihre kulinarischen Spezialitäten, sondern auch das dazu passende Bier. Der Jahreslauf der Maßkrüge beginnt bereits im Frühjahr mit der Starkbiersaison. Ist dieser Einstieg ins Bierkalendarium gut überstanden, zieht es den Bayern vom ersten warmen Frühlingstag bis weit in den Herbst hinein in sein kleines grünes Paradies, den Biergarten. Dann kommt auch schon die Zeit der Bier- und Volksfeste wie das Münchner Oktoberfest, das größte Volksfest der Welt, von den Einheimischen kurz „die Wiesn" genannt.

Einmal im Jahr ist die Theresienwiese in München Treffpunkt von über sechs Millionen Biertrinkern aus aller Welt. Blick vom Riesenrad in eine Schaustellergasse.

Der Biergarten

Ein Biergarten ist ein Fest für alle Sinne, Oase bajuwarischer Lebensfreude, fast schon eine Lebenseinstellung. Biergarten-Seeligkeit ruht auf vier Säulen: Bier, Brotzeit, Brezen und Bäume. Geboren wurde der Biergarten in München quasi aus der Not heraus als gesetzlich verordneter Kompromiss zwischen Brauern und Wirten. Die bayerische Brauordnung aus dem Jahr 1539 legte damals fest, dass nur zwischen dem Feiertag des Heiligen Michael am 29. September und dem Ehrentag des Heiligen Georg am 23. April gebraut werden durfte. In den fünf Monaten dazwischen war das Bierbrauen verboten, offiziell wegen der Brandgefahr beim Sieden, doch sicher auch, weil man die Qualität des Bieres sichern wollte, denn zum Gären braucht der Gerstensaft niedrige Temperaturen – wegen fehlender Kühlmöglichkeiten früher im Sommer ein Problem.

Dumm nur, dass mit den Temperaturen auch der Durst beim Menschen größer wird, folglich musste für die heißen Tage ein Biervorrat angelegt werden. Die Lösung lag nahe: Das Isarhochufer bot ideale Möglichkeiten für das Errichten von Vorratskellern. Um diese Bierkeller möglichst lange kühl zu halten, sägten die Brauer im Winter Eisblöcke aus der Isar und den umliegenden Weihern und Bächen. Und damit das Eis in der Sommersonne nicht so schnell schmolz, wurden über den Kellern schattenspendende Bäume, vorwiegend großblättrige Kastanien, angepflanzt.

Brotzeit und Brezen

Ursprünglich war die Brotzeit das zweite Frühstück eines Bayern, heute beschränkt sie sich nicht mehr auf den Vormittag, sondern wird genau so gerne am Nachmittag oder Abend genossen, wenn die „warme" Küche geschlossen ist. Zur Brotzeit gehört der Leberkäse ebenso wie der Wurstsalat, der saure Presssack und der Emmentaler, Radi (Rettich), Radieserl und Tomaten. Und natürlich frische Brezen, angeblich 1839 in München von Anton Nepomuk Pfannenbrenner „erfunden". Er soll damals die Brezen nicht wie üblich mit Zuckerwasser, sondern versehentlich mit Natronlauge bestrichen haben.

Kunst trifft Handwerk: der Hundertwasserturm der Brauerei Kuchlbauer in Abensberg, Niederbayern.

Diese ruhigen, schattigen Gärten schienen wie geschaffen, um durstige Seelen mit kühlem Gerstensaft zu erfreuen. So begannen die Brauereien, Tische und Stühle unter die Kastanien zu stellen und Bier auszuschenken. Es dauerte nicht lange, bis die Münchner Wirte gegen die neue Konkurrenz Sturm liefen, und schon bald musste der König persönlich einschreiten, um eine drohende Rebellion im Keim zu ersticken. So erließ Ludwig I. (1786–1868) die Biergarten-Verordnung: Fortan war der Ausschank von Bier „ober den Kellern" zwar genehmigt, jedoch durften die Brauer kein Essen verkaufen, um den Wirtshäusern nicht noch mehr Gäste streitig zu machen. Obwohl diese Verordnung längst revidiert ist, zeichnet sich ein echter Biergarten unter anderem immer noch dadurch aus, dass man seine Brotzeit selbst mitbringen darf – zum Glück aber nicht muss.

Oben: Biergenuss unter freiem Himmel im Garten des Brauereigasthofs der Braumanufaktur Störtebeker in Stralsund.

Unten: Eine Oase der Ruhe und Gemütlichkeit mitten im Zentrum Münchens: der Biergarten des Hofbräuhauses.

Für Bio-Brauereien ist es wichtig, dass die Rohstoffe aus ökologischem Anbau in der Region kommen.

Das andere Bier – zwischen Bio und Luxus

Das Reinheitsgebot begründete den Weltruf des deutschen Biers und wird heute, fast 500 Jahre nach Erlass, von den deutschen Brauereien immer noch befolgt. Es ist die älteste noch gültige lebensmittelrechtliche Vorschrift der Welt und ein Garant für Qualität. In den europäischen Nachbarländern sind die rechtlichen Regelungen weniger streng. Dort sind für die Bierherstellung beispielsweise Zuckersirupe aus Mais, Soja oder Reis und der Zusatz von Rohfrucht (ungemälzte Gerste) zugelassen sowie die Verwendung von Aroma-, Konservierungs- und Farbstoffen erlaubt.

Warum also, so fragt sich mancher Konsument, muss es dann in Deutschland auch noch Bio-Bier sein? Aus dem gleichen Grund, der auch für Obst und Gemüse in Bio-Qualität spricht, sagen die rund 30 deutschen Bio-Brauereien. Das Reinheitsgebot würde lediglich Zutaten, nicht aber deren Qualität vorschreiben.

1986 begann die Neumarkter Brauerei Lammsbräu mit der Produktion der ersten Bio-Biersorten, sechs Jahre später wurde sie als erste Brauerei Europas nach der EG-Bio-Verordnung zertifiziert. Lammsbräu verwendet weder Hopfenextrakte noch Hopfenpulver, sondern ausschließlich Aromahopfendolden. Zudem unterstützt die Brauerei ökologisch wirtschaftende Landwirte der Region und gibt ein Bekenntnis zur nachhaltigen Entwicklung ab. Noch sind der Markt und das Angebot für Bio-Biere überschaubar, doch die Absatzmenge geht nach oben.

Ein weiterer Trend geht in eine andere Richtung. Immer häufiger bieten Brauereien besonders hochwertige und hochpreisige Bierkreationen an, sogenannte Jahrgangs- und Luxusbiere. Meist sind es Starkbiere, die ihre ungewöhnlichen Aromen dem Einsatz von aufwendig hergestellten Malzen oder von speziellen Hopfensorten verdanken. Oft werden auch neuartige

Das stärkste Bier der Welt

Und noch ein deutscher Bier-Weltrekord: Das stärkste Bier der Welt kommt aus dem mittelfränkischen Gunzenhausen. Hier braut Georg Tscheuschner sein „Schorschbock 57". Stolze 57,5 Prozent Alkohol enthält das Rekordbier, mehr als das Zehnfache eines normalen Biers. Gebraut wird es streng nach dem deutschen Reinheitsgebot und mit einem eiskalten Trick, denn einen so hohen Alkoholgehalt erreicht man nicht durch normale Gärung. Deshalb wird zunächst ein Bockbier mit 16 Prozent Alkohol gebraut, das dann tiefgefroren wird. Anschließend werden die Eiskristalle abgeschöpft – zurück bleibt ein hocharomatisches Eisbockkonzentrat mit einem Spitzenalkoholgehalt. Für die Produktion von einem Liter Schorschbock 57 braucht Tscheuschner übrigens 30 Liter Bockbier.

Braumethoden wie beispielsweise die Nachreifung in alten Sherry- oder Whisky-Holzfässern eingesetzt. Solche Bierspezialitäten, deren Preis durchaus den einer sehr guten Flasche Wein erreichen kann, werden nicht mehr in der Plopp-Flasche, sondern meist in edlen Steingutflaschen oder Champagnerflaschen angeboten. Bier-Sommeliers empfehlen sie gerne als Aperitif – allerdings nicht in Maßkrügen, sondern in kleinen, feinen Gläsern.

Oben: Mit 57,5 Prozent Alkohol ist das Schorschbock 57 aus dem mittelfränkischen Gunzenhausen das stärkste Bier der Welt.

Unten: Die Neumarkter Brauerei Lammsbräu war die erste Brauerei in Deutschland, die begann, Biere aus rein ökologischen Zutaten wie Bio-Weizen (Foto) zu brauen.

Die Renaissance der Fassbrause und Biermischgetränke

Vor nicht allzu langer Zeit entdeckten die Deutschen eine alte Bierspezialität neu: die Fassbrause. Die erfrischende alkoholfreie Alternative zum Bier, gebraut aus Mineralwasser, Zucker, Malzextrakt und Aromen, wurde ursprünglich 1908 vom Chemiker Ludwig Scholvien entwickelt. Wie ihr Name schon sagt, wurde sie zunächst nur in Fässer abgefüllt, später aber auch in Flaschen. Eigentlich ein echtes Berliner Kind geriet die Fassbrause zumindest in Westdeutschland nach dem Ende des Zweiten Weltkriegs in Vergessenheit. 2010 kam schließlich die Kölner Privatbrauerei Gaffel auf die Idee, eine Neuauflage der vergessenen Traditionsbrause zu starten. Der Erfolg war so groß, dass weitere Brauereien sich diesem Trend anschlossen. Da der Name und die Zusammensetzung einer Fassbrause nicht gesetzlich geregelt sind, gibt es das Getränk inzwischen in vielerlei Variationen – auch mit alkoholfreiem Bier. Ob die Fassbrause nun ein Biermischgetränk oder eine Limonade ist, erkennt der Verbraucher nur anhand der Zutatenliste.

Etwa zur gleichen Zeit, als in Berlin die Fassbrause geboren wurde, erfand – so will es die Legende – der Wirt Franz Xaver Kugler in Oberhaching bei München das Radler. Sein Gasthof, die Kugler-Alm, war ein beliebtes Ausflugsziel für Münchner Radfahrer. An einem heißen Sommertag wurde Kugler regelrecht überrannt von durstigen Ausflüglern, und als

Der Himmel der Münchner: der Biergarten am Chinesischen Turm im Englischen Garten.

ihm das Bier auszugehen drohte, mischte er es kurzerhand mit Zitronenlimonade und servierte es seinen Gästen als „Radlermaß". Wahrscheinlich war dieses Biermischgetränk schon seit längerer Zeit bekannt – und zwar in sozialdemokratischen Radfahrerclubs. Das Mischen der Radlermaß war bis 1993 den Wirten vorbehalten. Erst am Tresen wurden Bier und Limonade gemischt, denn das Biersteuergesetz verbot bis zu seiner Neufassung 1993 den Brauereien die Herstellung fertiger Biermischgetränke. Das erste fertige Radler brachten dann die Hessen auf den Markt, heute gehört es neben anderen Biermischgetränken wie Cola-Weizen, Russ'n (Weizen-Radler) und anderen Mischungen zum Standardsortiment der meisten deutschen Brauereien. Biermischgetränke nehmen eine immer wichtigere Position im Sortiment der Brauereien ein. Fitness-, Wellness- und Sportwelle haben dazu ebenso beigetragen wie verschärfte Promillegrenzen im Straßenverkehr.

Als erste deutsche Brauerei knüpfte die Kölner Privatbrauerei Gaffel wieder an die über 100 Jahre alte Tradition der Fassbrause an – mit großem Erfolg.

Die Russ'n kommen

Dass Bier bei Revolutionen eine Rolle spielte, war zumindest in Bayern nichts Ungewöhnliches, weil es dort öfters Aufstände wegen erhöhter Bierpreise gegeben hatte. Doch die Novemberrevolutionen, die nach dem Ende des Ersten Weltkriegs auch das Königreich Bayern erfassten, entsprangen schierer Not. Im Mathäser-Keller in München tagten die Kommunisten, vom Volk „Russ'n" genannt. Um einen kühlen Kopf zu bewahren, wurde, wahrscheinlich auf behördliche Anweisung hin, das Weißbier wie beim Radler mittels Zitronenlimonade gestreckt.

Marken und Brauereien

Aecht Schlenkerla Rauchbier Weizen

Ein Original unter den Bieren. Das Weizenbier aus Gersten- und Weizenmalz verdankt seine unverwechselbaren herbwürzigen Raucharomen dem Rauchmalz und kommt als Original Flaschengärung zum Ausschank.

Beim Brauen ihrer Rauchbiersorten setzt die Bamberger Brauerei Schlenkerla auf Tradition. Während das Braugetreide heutzutage andernorts in heißer Luft getrocknet (gedarrt) wird, trocknet man bei Schlenkerla das gekeimte Braugetreide wie früher über dem offenen Feuer. Der dabei entstehende Rauch verleiht dem Malz ein ganz besonders charakteristisches Aroma. Neben dem Weizen gibt es die Aecht-Schlenkerla-Rauchbiersorten Märzen, Urbock, Lager, Fastenbier, Kräusen und Eiche. Die Rauchbiere werden regelmäßig mit verschiedensten nationalen und internationalen Auszeichnungen bedacht. Der Name Schlenkerla leitet sich übrigens vom Spitznamen eines früheren Braumeisters ab, der nach einem Unfall einen schlenkernden Gang bekam und deshalb scherzhaft „Schlenkerla“ genannt wurde.

Brauerei: Brauerei Schlenkerla
Ort: Bamberg
Biertyp: obergäriges Weizenbier
Alkoholgehalt: 5,2 %
Stammwürze: 13,2 %
Farbe: sehr dunkles Braun, naturtrüb
Besonderes: herbwürziger, unverwechselbarer Geschmack nach frisch Geräuchertem

Unzertrennlich: Bamberg und seine Rauchbierspezialitäten der **Brauerei Schlenkerla** – würziger Biergenuss mit langer Tradition.

Das **Kloster Aldersbach** wurde um das Jahr 1146 von Mönchen des oberfränkischen Zisterzienserklosters Ebrach gegründet.

Aldersbacher Urhell

Feine, leicht gehopfte untergärige Bierspezialität aus Niederbayern. Das vollmundige, spritzige Helle mit dem leicht süßlichen Abgang wird nach dem bayerischen Reinheitsgebot aus klarem Brauwasser, Gerstenmalz und Hopfen gebraut.

Die Brauerei Aldersbach wurde bereits 1268 als Klosterbrauerei erwähnt, in der die Mönche das Bier hauptsächlich zum Eigenbedarf herstellten. Nach der Säkularisation wurde die Klosterbrauerei an die Familie des Freiherrn von Aretin verkauft, die sie immer noch betreibt. Das heimatverbundene Familienunternehmen sieht es als seine Aufgabe an, nach den überlieferten Rezepten der Mönche mit moderner Produktionstechnik hochwertiges bayerisches Bier zu brauen. Heute stellt die Brauerei Aldersbach unter dem Slogan „Lust auf Heimat" 13 Biersorten her, darunter Aldersbacher Bruder- und Schwesterbier, Klosterhell, Aldersbacher Doppelbock Dunkel, Kloster Weisse und Freiherrn Pils.

Brauerei: Brauerei Aldersbach
Ort: Aldersbach bei Passau
Biertyp: untergäriges Helles
Alkoholgehalt: 5,1 %
Stammwürze: ca. 11,3 %
Farbe: hellgelb, klar
Besonderes: DLG-Auszeichnung „Preis der Besten" in Gold

Alpirsbacher Klosterstoff

Malzaromatischer, vollmundiger Urgenuss aus dem Schwarzwald. Alpirsbacher Klosterstoff in der Bügelflasche ist ein Bier von ursprünglicher Geradlinigkeit und kräftiger Gestalt, das durch seine unverkennbare Hopfennote überzeugt. Das extrastark eingebraute untergärige Märzenbier ist eine neue Bierspezialität aus dem Haus Alpirsbacher Klosterbräu, traditionell gebraut aus naturreinen Zutaten: Quellwasser aus dem Naturschutzgebiet Glaswiesen, Wiener Spezialmalz und Sommergerstenmalz, Naturhopfen aus der Hallertau und Alpirsbacher Hefe.

Neben Klassikern wie Pils und Weizen gehören Spezialbiere wie Abtei-Bier, Frühlingszwickel und Kleiner Mönch zum Sortiment der Privatbrauerei. Alpirsbacher Klosterbräu ist Mitglied der Initiative „Die Freien Brauer" – eines Zusammenschlusses führender und unabhängiger Privatbrauer, die ihre Liebe zur Braukunst und zu eigenständigen regionalen Bierspezialitäten sowie der respektvolle Umgang mit der Natur verbindet.

Brauerei: Alpirsbacher Klosterbräu
Ort: Alpirsbach / Schwarzwald
Biertyp: untergäriges Vollbier / Märzen
Alkoholgehalt: 5,9 %
Stammwürze: 13,3 %
Farbe: kräftiges Gold
Besonderes: extrastark eingebrautes Märzen

Altenburger Lager

Feinwürziges Helles aus Thüringen mit ausgewogenem, mildem Hopfenaroma. Seinen unverwechselbaren Geschmack verdankt es dem Einsatz von dunklem Malz.

Die Altenburger Brauerei wurde 1871 gegründet und zählte damals schon zu den modernsten Brauereien Europas. Heute ist sie nicht nur eine moderne Braustätte, sondern auch ein technisches Denkmal mit angeschlossenem Museum, in dem die Besucher Bier- und Braugeschichte hautnah erleben können. Alle Altenburger Biere werden in einem denkmalgeschützten Jugendstilsudhaus nach traditionellem Brauverfahren hergestellt. Das untergärige Lager ist neben Premium, Bock, Schwarze und Festbier eine von fünf Bierspezialitäten der Brauerei. Das Sortiment wird ergänzt durch zwei Biermischgetränke: Radler und Black Lemon. Das engagierte und nachhaltige Streben der Brauerei nach Produktqualität wurde 2012 von der DLG (Deutsche Landwirtschafts-Gesellschaft) mit dem „Preis der Besten" in Bronze ausgezeichnet.

Brauerei: Altenburger Brauerei
Ort: Altenburg / Thüringen
Biertyp: untergäriges Helles
Alkoholgehalt: 4,9 %
Stammwürze: 11,3 %
Farbe: goldgelb, klar
Besonderes: 2012 DLG-Auszeichnung „Preis der Besten" in Bronze

Altfränkisch Klosterbier

Ein vollmundiges untergäriges Bier mit angenehmer Rezenz aus der Klosterbrauerei Weissenohe, gebraut nach alter Klostertradition. Klassisch fränkisches Helles, das durch seine Bernsteinfarbe und den Stammwürzegehalt von 12,3 Prozent überzeugt.

Die Klosterbrauerei Weissenohe zählt zu den ältesten in Deutschland und ist wahrscheinlich auch die älteste Brauerei Frankens. Gegründet um das Jahr 1050, wurde das Kloster samt Brauerei nach der Säkularisation zunächst an einen Geschäftsmann, 1827 dann an den Braumeister Friedrich Kraus verkauft. Der führte fortan die „fränkische Dreifaltigkeit" aus Brauerei, Gastwirtschaft und Landwirtschaft. Bis heute ist die Brauerei in Familienbesitz. Zu den Bierspezialitäten der Klosterbrauerei Weissenohe gehören u. a. Benediktiner und Weissenoher Pils, Kloster-Sud, Bonifatius Dunkel, Bonator Doppelbock, Eucharius Märzen, Barrique Klosterbier und das nach Bioland-Richtlinien gebraute Classic Export.

Brauerei: Klosterbrauerei Weissenohe
Ort: Weißenohe / Oberfranken
Biertyp: untergäriges Helles
Alkoholgehalt: 5 %
Stammwürze: 12,3 %
Farbe: bernsteinfarben
Besonderes: gebraut mit brauereieigenem Hangquellwasser

Barocke Pracht: das Kirchenschiff mit Altar der **Klosterkirche St. Bonifatius in Weißenohe** (Bayern).

Von weither sichtbar thront das **Kloster Andechs**, Bayerns ältester Wallfahrtsort, auf dem Heiligen Berg über dem Ammersee.

Alt Waldecker Dunkel

„Awadu" nennen die Waldecker liebevoll das süffige Bier mit der leichten Hopfennote aus dem Hofbrauhaus Arolsen, der wohl ältesten Brauerei Hessens. Alt Waldecker Dunkel ist ein streng nach dem Reinheitsgebot gebrautes Bier Münchner Brauart.

Das Bier hat Geschichte: 1131 wandelte die Witwe Gepa von Aroldessen ihren Herrschaftssitz in ein Kloster um, das sie mit ihren drei unverheirateten Töchtern bezog. Bald schon fanden sich Mitschwestern, die bereits im ersten Jahr ein nahrhaftes Bier für die Fastenzeit brauten. Über die Jahrhunderte wechselten die Besitzer und Pächter, bis schließlich Heinrich Brüne 1910 das Hofbrauhaus Arolsen kaufte. Heute wird es in vierter Generation von der Familie geführt. Zum Sortiment der Privatbrauerei gehören außer dem Dunkel Arolser Pils, Waldecker Edelbock, C You – eine Mischung aus Arolser Pils und Zitronenlimo – sowie drei fruchtige Limonaden und ein koffeinhaltiges Erfrischungsgetränk.

Brauerei: Hofbrauhaus Arolsen
Ort: Bad Arolsen
Biertyp: untergäriges Dunkles
Alkoholgehalt: 5,5 %
Stammwürze: 12,5 %
Farbe: braun, klar
Besonderes: regionales Bier, das vorwiegend im Landkreis vertrieben wird

Andechser Doppelbock Dunkel

Genuss für Leib und Seele. Das berühmte bayerische Bockbier vom Heiligen Berg über dem Ostufer des Ammersees ist unverwechselbar im Geschmack: vollmundig und samtig, kräftig, angenehm malzaromatisch mit erkennbarer Süße und einer leichten Hopfenbittere. Eingebraut wird es aus dunklen bayerischen Malzen im traditionellen Dreimaischverfahren in der Klosterbrauerei Andechs. Sein glanzklares Aussehen verbindet sich harmonisch mit einem festen, feinporigen Schaum. Weiche Röstnoten und ein Hauch von Dörrobst begleiten ein betontes Karamellaroma.

Andechser Klosterbiere werden mit modernster Technologie nach alter benediktinischer Brautradition gebraut. Mit Brauerei, Bräustüberl, Brennerei und Gasthof ist das Kloster Andechs ein Anziehungspunkt für Bierliebhaber aus aller Welt. Der Doppelbock, der ganzjährig hergestellt wird und das Image des Andechser Klosterbiers weltweit prägt, ist nur eines von sieben klösterlichen Spezialitätenbieren.

Brauerei: Klosterbrauerei Andechs
Ort: Andechs
Biertyp: untergäriger dunkler Doppelbock
Alkoholgehalt: ca. 7,1 %
Stammwürze: 18,5 %
Farbe: dunkles Kupferrot
Besonderes: Klassiker unter den Starkbieren

Apoldaer Pils Spezial Domi

Feinwürzig, elegant und wohlbekömmlich – ein Pils, wie es Kenner lieben. Seinen Spitznamen „Goldkäppchen" verdankt es der goldenen Folie, die um den Flaschenhals gewickelt ist. Das untergärige Vollbier wird in der Vereinsbrauerei Apolda gebraut, einer der wenigen konzernunabhängigen Privatbrauereien in Thüringen.

Die Vereinsbrauerei Apolda, eine der ältesten Firmen der gleichnamigen Stadt, wurde 1887 in das Handelsregister eingetragen. Großen Wert legt die Brauerei auf Qualität und Regionalität. Der Hopfen, mit dem die Apoldaer ihr Bier einbrauen, wächst in der Elbe-Saale-Region, das Malz wird in der Erfurter Malzfabrik aus der Braugerste des Thüringer Beckens hergestellt. Dazu kommen das gute Trinkwasser aus dem Höhenzug Finne und die Hefe aus der brauereieigenen biologischen Hefe-Reinzucht. Das Apoldaer Bier wird seit 1994 von der Deutschen Landwirtschafts-Gesellschaft (DLG) jährlich prämiert.

Brauerei: Vereinsbrauerei Apolda
Ort: Apolda / Thüringen
Biertyp: untergäriges Pils
Alkoholgehalt: 5 %
Stammwürze: 12,3 %
Farbe: goldgelb
Besonderes: regionale Bierspezialität mit Auszeichnungen

Apostelbräu Dinkel naturtrüb

„Tut gut – schmeckt gut." Das 1. Original Dinkel-Bier ist nach Aussage der Brauerei Apostelbräu ein Lebenselixier aus Dinkel- und Gerstenmalz, Hefe und Hopfen – süffig, malzig, mit angenehmen Getreidearomen. Gebraut wird es nach dem bayerischen Reinheitsgebot und einem Rezept von Hildegard von Bingen, einer Heilkundigen aus dem 12. Jahrhundert. Geschmacklich ähnelt das naturtrübe obergärige Bier einem Weizenbier. Das ist nicht weiter verwunderlich, denn Dinkel ist eine Weizenart und gilt als sehr gesundes Getreide.

1990 entschloss sich die niederbayerische Weißbierbrauerei Apostelbräu, erstmals in der Braugeschichte aus dem hochwertigen Dinkelgetreide Bier herzustellen. Zunächst belächelt von der Konkurrenz, wird das 1. Original Dinkel-Bier heute weit über die Grenzen Deutschlands exportiert. 2012 wurde das Bier auf dem weltweit größten Bier-Qualitätswettbewerb, dem World Beer Cup, mit der Silbermedaille ausgezeichnet.

Brauerei: Apostelbräu
Ort: Hauzenberg bei Passau
Biertyp: untergäriges Vollbier
Alkoholgehalt: 4,8 %
Stammwürze: 11,5 %
Farbe: bernsteinfarben, naturtrüb
Besonderes: Silver Award beim World Beer Cup 2012 in San Diego

Arcobräu Urfass

„Bewährtes bewahren, ohne den Fortschritt aus den Augen zu verlieren", das ist die Philosophie des Gräflichen Brauhauses Arcobräu. Die mittelständische Privatbrauerei fühlt sich der niederbayerischen Brautradition mit ihrer Geschmacksvielfalt und ihren regionalen Bierspezialitäten verpflichtet. Seit 1567 wird im Stammhaus von Arcobräu, der damaligen Schlossbrauerei Moos, Bier nach dem bayerischen Reinheitsgebot gebraut. 15 Biersorten und saisonale Bierspezialitäten gehören zum Sortiment. Arcobräu verwendet ausschließlich Hallertauer Aromahopfen und Braugetreide aus der Region, dazu Wasser aus dem brauereieigenen Mineralwasserbrunnen und Hefe aus eigener Reinzucht.

Das untergärige helle Vollbier Urfass ist würzig, ein wenig süß und leicht malzfruchtig mit angenehmer Hopfenbittere. Serviert wird es meist im klassischen Becherglas. Seinen charakteristischen Geschmack entwickelt es am besten bei einer Trinktemperatur von 8 °C.

Brauerei: Arcobräu Gräfliches Brauhaus
Ort: Moos / Niederbayern
Biertyp: untergäriges Helles
Alkoholgehalt: 5,2 %
Stammwürze: 11 %
Farbe: goldgelb, klar
Besonderes: Silbermedaille beim European Beer Star 2011

Seit 450 Jahren ist Schloss Moos im Besitz der Grafen von Preysing, den Gründern und Besitzern von **Arcobräu**.

Arcobräu Zwicklbier

Das Geschmackserlebnis wie anno dazumal aus dem Gräflichen Brauhaus Arcobräu. Zwicklbier gehört zu den naturtrüben Bieren, in denen noch alle natürlichen Schweb- und Trubstoffe enthalten sind. Ungespundet, das heißt fast ohne Gegendruck, durchläuft es die Nachgärung und enthält weniger Kohlensäure als andere Biere. Dadurch ist es bekömmlicher und im Geschmack voller. Die Bezeichnung Zwickl kommt vom keilförmigen Holzzapfen, den man früher in das Spundloch eines Lagerfasses schlug.

Gebraut wird Arcobräu Zwicklbier im niederbayerischen Ort Moos, der seit fast 500 Jahren Heimat des Gräflichen Brauhauses ist. Wie alle anderen Bierspezialitäten aus der einstigen Schlossbrauerei wird das Zwickl streng nach dem bayerischen Reinheitsgebot gebraut und schmeckt nicht nur den Menschen in der Region, sondern mittlerweile auch Bierkennern in ganz Bayern. Nicht ohne Grund ist Arcobräu inzwischen der größte Bierlieferant für Volksfeste in Ostbayern.

Brauerei: Arcobräu Gräfliches Brauhaus
Ort: Moos / Niederbayern
Biertyp: untergäriges Zwickelbier
Alkoholgehalt: 5,2 %
Stammwürze: 11 %
Farbe: bernsteinfarben, naturtrüb
Besonderes: regionales Bier, vor allem in Bayern bekannt

Artländer NOX

Ein Bier aus der Region für die Region. Das milde Dunkle aus dem Osnabrücker Land ist malzaromatisch, mit leichter Restsüße, wenig gehopft und süffig. „Munter bleiben" lautet das Brauereimotto für die Bierspezialität aus der Artland Brauerei. Das untergärige dunkle Vollbier verdankt seinen vollmundigen Charakter der Verwendung bester Braumalze und Hopfensorten sowie dem weichen Artländer Brauwasser.

Die Regionalbrauerei Artland lässt in ihrem Firmensitz, dem Fachwerkhof Renze, das alte Brauhandwerk wieder aufleben. In den historischen Gebäuden auf dem Hof Renze, dessen Geschichte bis ins 15. Jahrhundert zurückreicht, sind Brautradition und moderne Technologie zu Hause. Das Sudhaus befindet sich heute in der ehemaligen Wagenremise, in der früheren Scheune und einem Teil des Stalls ist der Gär- und Lagerkeller untergebracht. Artland verfolgt ein ganzheitliches Brauereikonzept und verfüttert beispielsweise die Biertreber, ein Nebenprodukt beim Brauen, an die Mastbullen auf dem Hof Renze.

Brauerei: Artland Brauerei
Ort: Nortrup / Niedersachsen
Biertyp: untergäriges Dunkles
Alkoholgehalt: 4,9 %
Stammwürze: k.A.
Farbe: goldbraun
Besonderes: regionale Bierspezialität mit ganzheitlichem Brauereikonzept

Männerstolz: Braumeister, Brauereigehilfen und Lehrlinge der **Auer'schen Bierbrauerei** Anfang des 20. Jahrhunderts. Damals war das Brauen eine Männerdomäne.

Astra Urtyp

Kühler Hamburger mit Herz: mild, feinwürzig und einfach lecker, gebraut im Herzen Hamburgs. Astra ist die führende Biermarke im Heimatmarkt Hamburg. Das regionale Bier feierte 2009 seinen 100-jährigen Markengeburtstag. Längst hat das Bier in der traditionellen Steinieflasche Kultcharakter und erfreut sich im ganzen norddeutschen Raum und in immer mehr ferneren Regionen zunehmender Beliebtheit.

„Tolerant, vielfältig und lebensfroh – dafür steht die Marke Astra", so die Aussage der Brauerei. „Das Herz-Anker-Symbol macht Astra absolut einzigartig und unverwechselbar. Der Anker steht für die Herkunft aus St. Pauli: manchmal hart, aber immer herzlich." Weitere Bierspezialitäten der Marke Astra sind Astra Rotlicht mit kräftigem, süffigem Geschmack und 6 Prozent Alkohol, Astra Alsterwasser – halb Astra, halb Zitronenlimo – und Astra Arschkalt, das neue Winterbier. Die Marke Astra wird von der Holsten-Brauerei hergestellt.

Auerbräu Rosenheimer Helles

Das Feinwürzige aus Rosenheim. Im Geschmack schlank, harmonisch und frisch, mit reiner Blume und hell leuchtender Farbe. Das süffige untergärige Helle aus Oberbayern wird von Auerbräu nach dem bayerischen Reinheitsgebot hergestellt – ausschließlich aus Hopfen, Malz, Wasser und Hefe aus der brauerei-eigenen Hefe-Reinzuchtanlage.

Am 17. September 1889 produzierte der Brauereigründer Johann Auer das erste Bier in der Münchener Straße in Rosenheim und wählte als Markenlogo den balzenden Auerhahn. Heute wirbt das Unternehmen mit dem Slogan „Folgen Sie dem Lockruf der Natur" und unterstützt Umweltprojekte wie den Geo-Park Wendelstein und ein Forschungsprojekt zum Schutz des Auerhahns. Die Brauerei vertreibt ober- und untergärige Bierspezialitäten sowie die Trendbiere 111-Hefe Flaschl Weisse und 111-Zwickl. Nicht zuletzt durch das Starkbierfest und die Beteiligung am Rosenheimer Herbstfest baut Auerbräu seinen Platz in der regionalen Brauereiwirtschaft seit Jahren kontinuierlich aus.

Brauerei: Holsten-Brauerei AG
Ort: Hamburg
Biertyp: untergäriges Pils
Alkoholgehalt: 4,9 %
Stammwürze: 11,5 %
Farbe: hellgelb, klar
Besonderes: norddeutsche Heimatmarke

Brauerei: Auerbräu
Ort: Rosenheim
Biertyp: untergäriges Helles
Alkoholgehalt: 4,9 %
Stammwürze: 11,5 %
Farbe: hellgelb, klar
Besonderes: 2012 DLG-Auszeichnung „Preis der Besten" in Gold

Aufsesser Hefeweizen

Bernsteinfarbenes fränkisches Hefeweizen mit original Flaschengärung in der Bügelflasche. Die obergärige Bierspezialität ist zwischen Bamberg, Bayreuth und Nürnberg zu Hause. Gebraut wird das natürtrübe Weizenbier in sechster Generation in der Privatbrauerei Rothenbach.

Im Jahr 1886 erwarb der Gründer Johann Rothenbach die gesamte Brauereieinrichtung des Franziskanerklosters in Gößweinstein. Im gleichen Jahr braute er unter Anleitung eines Franziskanermönchs den ersten Sud. Nachdem dieser gut gelungen war, wurde noch 15 Mal im selben Winter gebraut. Das Bier wurde zum größten Teil in der brauereieigenen Wirtschaft ausgeschenkt. Heute stellt das Familienunternehmen sechs Biersorten nach überlieferten Rezepturen her: unfiltriertes Aufsesser Zwickl, Aufsesser Dunkel, Aufsesser Festbier, Aufsesser Pils und von November bis Januar/Februar die saisonale Bierspezialität Aufsesser Bockbier.

Brauerei: Aufsesser Brauerei Frank Rothenbach
Ort: Aufseß / Oberfranken
Biertyp: obergäriges Weizenbier
Alkoholgehalt: 5,1 %
Stammwürze: 12,2 %
Farbe: bernsteinfarben, naturtrüb
Besonderes: Hefeweizen mit original Flaschengärung in der Bügelflasche

Augustiner Edelstoff

Hellgoldenes Exportbier aus der ältesten noch bestehenden Brauerei Münchens. Der untergärige Edelstoff gilt unter Kennern als Spitzenerzeugnis altbayerischer Braukunst: weich, spritzig und frisch zugleich, mit deutlicher Süße, aus edelsten Rohstoffen nach dem bayerischen Reinheitsgebot gebraut.

Die meistverkaufte Augustiner Biersorte ist jedoch das Lagerbier Hell, ein besonders mildes, lang gelagertes Bier, erfrischend und bekömmlich zugleich. Weitere Spezialitäten sind Augustiner Weißbier, Augustiner Dunkel und das Oktoberfestbier. Augustiner Biere sind vor allem im Großraum München bekannt, denn die Brauerei verzichtet konsequent auf Werbung. Mit ihren traditionsreichen Stadtteilwirtschaften und Biergärten – hauptsächlich dem Augustiner-Keller und dem Hirschgarten – hat Augustiner-Bräu nicht nur ein Stück Münchner Kulturgeschichte geschrieben, sondern auch Altmünchner Geselligkeit und Gemütlichkeit bewahrt.

Brauerei: Augustiner-Bräu Wagner
Ort: München
Biertyp: untergäriges Export
Alkoholgehalt: 5,6 %
Stammwürze: 12,7 %
Farbe: heller Gelbton
Besonderes: aus der ältesten Brauerei Münchens, vorwiegend regional bekannt

Gasthof-Kultur auf höchstem Niveau. Der Brauereigasthof Hotel Aying der **Brauerei Aying** blickt auf eine über 600 Jahre alte Geschichte zurück. Er zählt zu den 400 besten Restaurants Deutschlands.

Ayinger Celebrator

Ein Bier, bei dem der Malzgeschmack dominiert. Der Bierpapst Conrad Seidl beschreibt es wie folgt: „Fast schwarz, mit ganz leicht rötlichem Ton, ein sensationeller, fester Schaum und ein ganz ungewöhnlicher Duft, der zuerst an Grammelschmalz erinnert. Der Antrunk ist von milder Fülle mit einem begleitenden Kaffeeton, der im Nachtrunk dominierend ist. Von der bei Doppelböcken häufigen Süße ist kaum etwas zu spüren." Der Ayinger Celebrator wurde vom Chicago Testing Institute mehrfach in die Reihe der besten Biere der Welt aufgenommen und erhielt zahlreiche weitere Auszeichnungen.

Gebraut wird die herzhafte Bierspezialität nach einem alten Klosterrezept in der mittelständische Privatbrauerei Aying südöstlich von München. Weitere Bierspezialitäten sind u. a. Altbairisch Dunkel, Liebhard's Kellerbier, Ur-Weisse und Kirta-Halbe. Die Privatbrauerei verkörpert im besten Sinn echte bayerischen Bierkultur. Bräustüberl, Biergarten und Brauereigasthof sind kleine Schmuckstücke oberbayerischer Gastlichkeit.

Brauerei: Aying
Ort: Aying bei München
Biertyp: untergäriger dunkler Doppelbock
Alkoholgehalt: 6,7 %
Stammwürze: 18,5 %
Farbe: fast schwarz mit leicht rötlichem Schimmer
Besonderes: mehrfach international preisgekröntes Bier

Ländliche Idylle am Neckar bei der alten Römer- und Bischofsstadt Rottenburg im Landkreis Tübingen in Baden-Württemberg. Hier braut die **Baisinger Biermanufaktur** ihr charaktervolles Bier.

Baisinger Teufels Weisse Kristallweizen

„Die klarste Halb-Liter-Quelle, die je in der Flasche zischte." Die Idee zu einem jungen, erfrischenden, fair gebrauten Weizenbier kam Brauereibesitzer Edmund Teufel, als er durch den kristallklaren Baisinger Bach watete – so entstand Baisinger Teufels Weisse Kristallweizen. Das obergärige, prickelnde Kristallweizen mit milder Hopfung wird mit einer Kombination aus offener Tankgärung und Flaschengärung hergestellt. Zum dritten Mal in Folge wurde das schwäbische Charakterbier 2012 beim bedeutendsten Bierwettbewerb Europas, dem European Beer Star, mit Gold ausgezeichnet.

Seit 1775 ist die Baisinger Biermanufaktur ein Inbegriff für handwerklich hergestelltes Bier mit Charakter. Gebraut wird mit besten Zutaten nach überlieferten Familienrezepturen. „Ich will's natürlich" lautet der Leitspruch der regional geprägten Brauerei; Rücksicht und Verantwortung im Umgang mit Mensch, Natur und Umwelt ist die Firmenphilosophie.

Brauerei: Baisinger Biermanufaktur
Ort: Rottenburg am Neckar / Baisingen
Biertyp: obergäriges Weizenbier
Alkoholgehalt: 5,2 %
Stammwürze: 12 %
Farbe: hellgelb, klar
Besonderes: Goldmedaille beim European Beer Star 2010, 2011 und 2012

Bayreuther Bio-Weisse

Genuss im Einklang mit der Natur. Naturtrübes Bio-Weißbier aus Fichtelgebirgswasser, Hefe aus brauereieigener Zucht sowie Weizenmalz, Gerstenmalz und Hopfen aus kontrolliert-ökologischem Landbau. „Im Geruch frisch, fruchtig und leicht würzig, entfaltet sich beim Antrunk ein Weißbiererlebnis, das an Vanille und Banane erinnert. Im Abgang schmeichelt das für die Bayreuther Bio-Weisse typische würzige Aroma von Gewürznelken dem Gaumen, bevor sich das dezent fruchtige Weißbieraroma endgültig entfaltet", so die Brauerei.

2007 startete das Projekt der Bayreuther Bio-Brauer unter dem Motto „Bewusst besser". Dahinter stehen die Brauer und Braumeister der Brauerei Gebrüder Maisel. Sie unterstützen und ermuntern die Landwirte aus der Region, verstärkt auf eine ökologische und nachhaltige Anbauweise zu setzen. Durch die enge Zusammenarbeit von Bio-Landwirten, Mälzern und Brauern ist ein Produkt von außergewöhnlichem Geschmack entstanden.

Brauerei: Brauerei Gebrüder Maisel
Ort: Bayreuth
Biertyp: obergäriges Weißbier
Alkoholgehalt: 5 %
Stammwürze: k.A.
Farbe: goldorange, naturtrüb
Besonderes: Genuss-Award „Best of Bio" 2007, DLG-Goldmedaille 2008, 2009, 2010

Biertradition in **Bayreuth**: Ausleger mit Brauutensilien vor dem Brauhaus Schinner (u.l.), Maibaum mit den Symbolen verschiedener Handwerksberufe (u.r.).

Brauerei: Karlsberg Brauerei
Ort: Homburg / Saarland
Biertyp: untergäriges Pils
Alkoholgehalt: 4,9 %
Stammwürze: ca. 11,4 %
Farbe: goldgelb, klar
Besonderes: saarländisches Kultbier in der Kultflasche

Becker's Pils

Lecker. Schmecker. Becker." Die Traditionsmarke Becker's Pils feierte 2012 ihr Comeback in der handlichen „Stubbi", einer charakteristischen, gedrungenen 0,33-Liter-Flasche, die besonders im Verkaufskerngebiet Saarland und Rheinland-Pfalz beliebt ist. Sie passt laut Brauerei perfekt zum charakterstarken und vollmundigen Becker's Pils, das seit mehr als 135 Jahren für höchste Braukunst und ungetrübten Biergenuss steht – ein guter Grund für die Brauerei, beim Comeback des feinherben Pils auf die Kultflasche zu setzen.

1877 gründeten die drei Brüder Friedrich, Georg und Karl Becker die gleichnamige Brauerei in St. Ingbert, die bald zu einer der ersten in der Region zählte und ihr Bier weltweit exportierte. Bis heute prägt der Beckerturm das Stadtbild von St. Ingbert. 1989 wurde die Brauerei von der Karlsberg Brauerei übernommen, die die Bierproduktion 1997 schließlich nach Homburg verlegte.

Brauerei: Brauerei Beck
Ort: Bremen
Biertyp: untergäriges Pils
Alkoholgehalt: 4,9 %
Stammwürze: 11,2 %
Farbe: goldgelb, klar
Besonderes: aus der größten deutschen Exportbrauerei

Beck's Pils

Ein echtes Pils, feinwürzig mit viel Charme und purem, frischem Geschmack. Florale Hopfenaromen, der herbe Ausklang und die füllige und kompakte Schaumkrone sind charakteristisch für das Bier. Bereits 1873 entwickelte der süddeutsche Braumeister in Bremen ein Bier nach Pilsener Brauart, das ohne Qualitätsverlust für den Transport nach Übersee geeignet war. Auf der Weltausstellung 1876 in Philadelphia wurde es als „bestes kontinentales Bier" ausgezeichnet. Noch heute ist diese Medaille neben der Goldmedaille, die Friedrich III. dem Bier bereits zwei Jahre zuvor verliehen hatte, auf dem ovalen Etikett der Bierflasche abgebildet, zusammen mit dem Stadtschlüssel von Bremen.

Beck's ist heute eine der drei globalen Marken des Brauereikonzerns Anheuser-Busch InBev. Rund 3.000 Flaschen Beck's werden jede Minute auf der Erde getrunken. Neben Beck's Pils und dem milderen Beck's Gold gibt es zahlreiche Beck's Mixgetränke.

Bereits 1873 wurde in Bremen ein Bier nach Pilsener Brauart entwickelt, das den Transport nach Übersee ohne Qualitätseinbußen überstehen sollte – das **Beck's** war geboren.

Bergbräu Altstadt Dunkel

Herzhaft, würzig und frisch. Untergäriges Braunbier aus dem Weserbergland. Kristallklares, weiches Brauwasser aus dem Naturpark Solling in Verbindung mit feinem, dunklem Malz erzeugen seinen einzigartigen Charakter, die goldbraune Farbe sowie den malzaromatischen Geschmack. „Ein besonderer Genuss, unverwechselbar im Geschmack. Eben eine echte Spezialität unter den Bieren. Während der langen Lagerzeit wohl ausgereift und bekömmlich", so die Privatbrauerei Haffner.

Gegründet 1868, stellte die Familienbrauerei zunächst nur Braunbier her. Heute umfasst das Sortiment auch Pils, Hefeweizen, Bernsteiner Gold, Doppelbock und Maibock sowie Malzbier und diverse Biermischgetränke. Um den braufrischen Geschmack zu erhalten, beschränkt sich die Brauerei darauf, ihre Biere „in einem Umkreis von ca. 50 Kilometern rund um den Schornstein" zu vertreiben.

Brauerei: Privatbrauerei Haffner
Ort: Uslar
Biertyp: untergäriges Braunbier
Alkoholgehalt: 4,9 %
Stammwürze: 12,2 %
Farbe: goldbraun
Besonderes: lange ausgereifte regionale Bierspezialität

Berliner Kindl Jubiläums Pilsener

So schmeckt Berlin. Zum 750-jährigen Stadtjubiläum im Jahr 1987 braute die Berliner-Kindl-Brauerei Berliner Kindl Jubiläums Pilsener als Hommage an die Spreemetropole. Es erfreute sich eines derartigen Zuspruchs, dass man kurzerhand entschied, dieses Bier auch weiterhin zu brauen. Berliner Kindl Jubiläums Pilsener steht mit seiner vollendeten Reife und seinem extrafeinen Hopfenaroma für den besonderen Berliner Biergenuss. Das Bier ist Teil des Berliner Lebensgefühls und Spiegelbild des einzigartigen Flairs der deutschen Hauptstadt – elegant, lebendig und weltoffen.

Gebraut wird Berliner Kindl Jubiläums Pilsener heute in der Berliner-Kindl-Schultheiss-Brauerei. Die Hauptstadtbrauerei bietet mit ihren bekannten Marken Berliner Kindl, Berliner Pilsener und Schultheiss Pilsener für jeden Geschmack das passende Bier. Zwei Klassiker, die Original Berliner Kindl Weisse und die Rixdorfer Fassbrause, runden das Sortiment ab.

Brauerei: Berliner-Kindl-Schultheiss-Brauerei
Ort: Berlin
Biertyp: untergäriges Pilsener
Alkoholgehalt: 5,1 %
Stammwürze: 11,7 %
Farbe: hellgelb
Besonderes: vollendet gereift mit extrafeinem Hopfenaroma

Berliner Kindl Weisse

Ihren einzigartigen, prickelnden Geschmack und ihre Aromenvielfalt verdankt die Berliner Kindl Weisse einem besonderen Brauverfahren. Dabei verwenden die Braumeister sowohl hochwertige Gersten- als auch kraftvolle Weizenmalze, die von obergärigen Hefekulturen aus eigener Reinzucht aromatisch vergoren werden. Berliner Kindl Weisse ist leicht gehopft, mit Milchsäurebakterien versetzt, reich an Kohlensäure und charakteristisch hefetrüb. Sie ist die ideale Basis für sommerliche Mixgetränke. Die Bierspezialität gibt es auch fertig gemischt mit einem Schuss Himbeere, Waldmeister oder Schwarze Johannisbeere.

Die Berliner Weisse unterscheidet sich stark vom bayerischen Weißbier. Mit einem Alkoholanteil von nur 3 Prozent ist das Schankbier ein leichtes und beliebtes Sommergetränk. Traditionell zubereitet kommt erst Sirup ins typische Berliner-Weisse-Pokalglas und dann das Bier, das gegen Ende langsamer nachgeschüttet wird, um eine feste Schaumkrone zu erhalten.

Brauerei: Berliner-Kindl-Schultheiss-Brauerei
Ort: Berlin
Biertyp: Berliner Weisse Schankbier
Alkoholgehalt: 3 %
Stammwürze: 7,5 %
Farbe: sehr hell
Besonderes: herrlich frisch und fein prickelnd

Fünf Jahrhunderte deutsche Trinkkultur: Das **Schussenrieder** Bierkrug-Museum ist einzigartig auf der Welt. Die Sammlung umfasst derzeit rund 1.200 historische Bierkrüge.

Binger Lamm Bräu Bioland Pilsner

Bio-Bier aus Oberschwaben, naturtrüb und unfiltriert aus feinster Hefe. Das feinherbe, malzig-vollmundige Pilsner wird handwerklich gebraut nach Bioland-Qualitätsrichtlinien. Dabei gelten vom Anbau bis zum Brauverfahren streng kontrollierte ökologische Grundsätze. Der Bio-Hopfen kommt aus Tettnang und der Hallertau, Gerste und Weizen von Bioland-zertifizierten Höfen in der Region. Abgefüllt wird das Bioland Pilsner in umweltfreundliche Bügelverschlussflaschen.

Binger Lamm Bräu ist eine Marke der Schussenrieder Brauerei. Seit Generationen werden in dem Familienbetrieb Biertradition und Bierqualität großgeschrieben; die Brauerei gehört der Initiative „Freie Brauer" an – einem Verbund führender und unabhängiger Privatbrauer, die ihre Liebe zur Braukunst und zu eigenständigen, regionalen Bierspezialitäten sowie der respektvolle Umgang mit der Natur verbindet.

Brauerei: Schussenrieder Brauerei
Ort: Bad Schussenried / Oberschwaben
Biertyp: untergäriges Pils
Alkoholgehalt: 5 %
Stammwürze: 11 %
Farbe: hellgelb, naturtrüb
Besonderes: gebraut nach Bioland-Richtlinien

Bischofshof Original 1649

„Das Bier, das uns zu Freunden macht." Das unfiltrierte, feinwürzige Exportbier mit dem geschmeidig-vollmundigen Geschmack wurde erstmals anlässlich des 350-jährigen Jubiläums der Brauerei eingebraut. „Die perfekt eingebundene Hopfennote verleiht dem Hellen einen Hauch von Exotik, das anhaltende Hopfenfinale macht es zu einem hervorragenden Exportbier", so die Brauerei Bischofshof.

Die größte Brauerei der Oberpfalz ist eine Regensburger Institution. Seit 1649 prägt die in unmittelbarer Nachbarschaft des Doms entstandene Brauerei nicht nur mit ihren Bierspezialitäten ihre Heimatstadt, sondern sie stellt auch eine feste Größe im kulturellen und sozialen Leben Regensburgs dar. Das Sortiment der Brauerei Bischofshof umfasst zwölf Bierspezialitäten. Gebraut wird in einem der modernsten Sudhäuser der Welt. 2006 erhielt die Brauerei den Umweltpreis der Stadt Regensburg für die umweltbewusste und energiesparende Herstellung ihrer Biere.

Brauerei: Brauerei Bischofshof
Ort: Regensburg
Biertyp: untergäriges helles Lager / Export
Alkoholgehalt: 5,4 %
Stammwürze: ca. 12 %
Farbe: goldgelb
Besonderes: glänzende Farbe und vollmundiger Geschmack

Ein beliebtes Ausflugsziel im Naturpark Südeifel ist der Stausee Bitburg. Hier gibt es eine geglückte Mischung aus Ruhe und Erholung, Aktivität und Freizeitspaß, eine Vielzahl Restaurants – und hervorragendes **Bitburger Pils**.

Bitburger Premium Pils

Deutschlands meistgezapftes Premium Pils. Und das nicht ohne Grund. Vollendeter fassfrischer Pilsgeschmack, seit fast zwei Jahrhunderten nur aus besten Rohstoffen nach deutschem Reinheitsgebot gebraut. Der Biersommelier Dr. Wolfgang Stempfl (Doemens) fasst den Charakter in Worte: „Ein helles, frisches Goldgelb und eine üppige Schaumkrone zeichnen das elegante Pils auf den ersten Blick aus. Feine Kräuteraromen finden sich wieder, gefolgt von nussigen und honigartigen Noten."

Die Marke Bitburger ist das Flaggschiff der Bitburger Braugruppe und das beliebteste Fassbier in Deutschland. Ihr Erfolgsslogan „Bitte ein Bit" ist heute einer der bekanntesten Werbeslogans der Branche. Weitere Sorten der Marke sind u. a. Bitburger Light und die klassischen Mischgetränke Bitburger Radler und Bitburger Cola. Neu im Sortiment ist die alkoholfreie Produktrange Bitburger 0,0 % sowie die Bitburger Fassbrause, das Erfrischungsgetränk für Erwachsene.

Brauerei: Bitburger Brauerei
Ort: Bitburg
Biertyp: Pils
Alkoholgehalt: 4,8 %
Stammwürze: 11,3 %
Farbe: kristallklares Goldgelb
Besonderes: Deutschlands meistgezapftes Premium Pils

Böhringer Urtyp

Aus der Region für die Region: Ein mildes und feinwürziges Exportbier, das durch seinen runden Geschmack ein Trinkgenuss für jeden Tag ist. Die Privatbrauerei bezieht die Rohstoffe für ihr Bier aus der Region. Das Brauwasser und die Braugerste kommen direkt aus dem Biosphärengebiet Schwäbische Alb, dessen offizieller Partner die Brauerei seit 2012 ist. Gebraut wird nach den Richtlinien des Qualitätszeichens „Gesicherte Qualität aus Baden-Württemberg", die Brauerei ist zertifiziert.

Ihr Heimatort Böhringen wurde zum Markennamen der Hirschbrauerei Schilling, die erstmals 1826 urkundlich erwähnt wurde. Böhringer Biere gibt es in traditionellen und modernen Geschmacksnoten. Neben den klassischen Sorten Pils, Kellerpils, Johannes Dunkel, Pilsner, Weizen und Radler bietet die Brauerei auch die Saisonbiere Edelmärzen, Bockbier und Weihnachtsbier sowie alkoholfreie Limonaden und Erfrischungsgetränke an.

Brauerei: Hirschbrauerei Schilling
Ort: Römerstein-Böhringen / Baden-Württemberg
Biertyp: untergäriges helles Lager / Export
Alkoholgehalt: 5,1 %
Stammwürze: 12,1 %
Farbe: hellgelb
Besonderes: regionales Bier mit Braugerste aus integriert kontrolliertem Anbau

Bolten Alt

Ein klassisches Altbier aus der nach Brauereiaussage ältesten Altbier-Brauerei der Welt. Die altbiertypische dunkle Farbe verdankt das Bolten Alt einer besonderen Mischung feiner Spezialmalze, seinen aromenreichen Charakter vier Hopfensorten, die mit dem hauseigenen Bolten-Hefestamm vergoren werden. Das Ergebnis ist ein voller, aromatischer Altbier-Geschmack mit fein-süffiger Hopfennote – ohne jedoch herb zu werden.

Im Jahr 1226 dem Brauereigründer das Recht verliehen, auf dem Kraushof in Korschenbroich Bier zu brauen. Noch heute ist der Kraushof Sitz der Privatbrauerei Bolten. „Wir sind eine Brauerei vom Land und liefern unser Bier hier in die Region. Unser Konzept ist also ganz einfach: frisches Bier mit einem erstklassigen Geschmack und kurze Wege, also frisch vom Land." So beschreibt Brauerei-Inhaber Michael Hollmann die Firmenphilosophie. Zum Sortiment gehören außer dem Alt die Bierspezialitäten Ur-Alt, Helles, Landbier, Ur-Weizen und Malz.

Brauerei: Privatbrauerei Bolten
Ort: Korschenbroich / Niederrhein
Biertyp: Alt
Alkoholgehalt: 4,9 %
Stammwürze: 11,7 %
Farbe: dunkel
Besonderes: nach Brauereiangabe die älteste Altbierbrauerei der Welt

Aus der traditionsreichen **Privatbrauerei Bolten** in Korschenbroich kommt das Bolten Alt.

Braunschweiger Segelschiff-Mumme

Vollmundiges, malziges, süffiges Bier mit leichten Aromen von Kaffee und Lakritze. Die obergärige Braunschweiger Bierspezialität wird nach deutschem Reinheitsgebot in Handwerksarbeit gebraut.

Braunschweiger Mumme war schon im Spätmittelalter bekannt. Das dunkle, dickflüssige Bier mit starkem Malzgehalt wurde in verschiedenen Varianten gebraut: Stadt-Mumme mit wenig Alkohol, Schiff-Wumme mit dem doppelten Alkoholgehalt, Kirsch-, Ernte- und Dünnbier-Wumme. Lange gehörte die Segelschiff-Mumme zur Pflichtausstattung jedes Schiffs der Handelsflotte. Wegen des hohen Alkohol- und Zuckergehalts war sie über Wochen haltbar, sehr nahrhaft und schützte die Seefahrer vor Skorbut. Die Bierspezialität wurde weltweit verschifft und machte Braunschweig international bekannt. Während die Mumme in der Vergangenheit von verschiedenen Brauereien hergestellt wurde, wird sie heute nur noch von der Brauerei H. Nettelbeck gebraut, angelehnt an ein Originalrezept aus dem Mittelalter.

Brauerei: Brauerei H. Nettelbeck
Ort: Braunschweig
Biertyp: obergäriger Malztrunk
Alkoholgehalt: 5,2 %
Stammwürze: 15 %
Farbe: bronzefarben
Besonderes: in traditioneller Handwerksarbeit nach Originalrezept gebraut

Brinkhoff's No.1

Im Ruhrgebiet gebraut und groß geworden, ist Brinkhoff's No.1 kein gewöhnliches Bier, sondern eines mit Charakter. Der Name ist Programm. Als erster Dortmunder Braumeister entwickelte Fritz Brinkhoff 1887 den sogenannten hellen Biertyp. Aus Versehen war damals einem Kunden in Aachen ein „Fehlsud" aus hellem Malz geschickt worden. Der fand so großen Anklang, dass Brinkhoff auf dieser Grundlage das Brinkhoff's No.1 entwickelte. Dabei kamen ihm seine Kenntnisse, die er in frühen Jahren in der Region Pilsen erworben hatte, zugute. Nicht zuletzt dank seines unermüdlichen Einsatzes – nicht nur in der Brauerei, sondern auch im Außendienst – war sein Bier bald in aller Munde.

Bis heute wird das Premium Pilsener nach dem Originalrezept gebraut. „Ein Bier wie sein Revier" lautet die aktuelle Kampagne für Brinkhoff's No. 1. Das Bier ist äußerst geschmackvoll und leicht bekömmlich. Idealerweise genießt man es gut gekühlt bei einer Temperatur zwischen 7 und 9 °C – da entfaltet es seinen unverkennbaren Geschmack am besten.

Brauerei: Brauerei Brinkhoff
Ort: Dortmund
Biertyp: untergäriges Pils
Alkoholgehalt: 5 %
Stammwürze: 11,4 %
Farbe: hellgelb
Besonderes: geschmackvoll, leicht bekömmlich

Aus Braunschweig – das Foto zeigt den Braunschweiger Löwen vor dem Veltheimschen Haus (1573) und Huneborstelschen Haus (1524) – kommt die Bierspezialität **Segelschiff-Mumme**.

Coschützer Pils

Würziger Pilsgeschmack mit einer leichten Hopfennote und angenehmer Frische, gebraut nach original Dresdner Braukunst mit Brauwasser aus dem Erzgebirge.

Coschützer Pils ist eine Marke der Feldschlößchen Aktiengesellschaft, zu der auch die Marken Schwarzer Steiger, Dresdner Felsenkeller Pilsner und Dresdner Felsenkeller Urhell gehören. Die Aktienbrauerei blickt auf eine über 150-jährige Brautradition zurück. Sie ist heute eine der größten Braustätten Sachsens und die einzige Brauerei Dresdens. Im Mai 1838 kauften die Gebrüder Meisl ein beliebtes Ausflugslokal an der südlichen Stadtgrenze Dresdens und erbauten dort eine Lagerbierbrauerei. 20 Jahre später wurde die „Aktienbrauerei zum Feldschlößchen" gegründet. 1960 erfolgte der Zusammenschluss der einzelnen Brauereien Dresdens zu dem VEB Dresdner Brauereien, der späteren Sächsischen Brau-Union. 1995 wurde sie in Feldschlößchen Aktiengesellschaft umbenannt.

Brauerei: Feldschlößchen Aktiengesellschaft
Ort: Dresden-Coschütz
Biertyp: untergäriges Pils
Alkoholgehalt: 4,9 %
Stammwürze: k.A.
Farbe: hellgolden
Besonderes: leicht würzig, herb

Mit der vergoldeten Königskrone und dem blauen, zwiebelförmigen Kupferdach ist das Kronentor am Zwingergraben eines der Wahrzeichen Dresdens, der Stadt, aus der das **Coschützer Pils** kommt.

DAB Export

Das Bier von Weltruf. Ein klassisches Dortmunder: herzhaft vollmundig und frisch, mild gehopft. Das untergärige Vollbier wird von der Dortmunder Actien-Brauerei hergestellt, einer der drei letzten Dortmunder Brauereien.

1868 gründeten die Kaufleute Laurenz Fischer, Heinrich und Friedrich Mauritz zusammen mit dem Braumeister Heinrich Herberz eine hochmoderne Dampfbrauerei, die 1872 in Dortmunder Actien-Brauerei umbenannt wurde. Schon bald entwickelte sie sich zu einer der bedeutendsten deutschen Brauereien. Von Anfang an war das Exportgeschäft ein wichtiges Standbein für die Brauerei. Der helle Dortmunder Biertyp, den die Marke DAB in den Gründerjahren ausschließlich abfüllte, wurde immer nur aus den besten Rohstoffen nach den jeweils neuesten Erkenntnissen der Brautechnologie gebraut. Das helle DAB erlangte weltweite Anerkennung und ist heute noch eine der größten Exportmarken Deutschlands. Neben DAB Export vertreibt die Brauerei noch DAB Pilsener und DAB D-Pils.

Brauerei: Dortmunder Actien-Brauerei
Ort: Dortmund
Biertyp: untergäriges Vollbier / Export
Alkoholgehalt: 5 %
Stammwürze: 11,8 %
Farbe: goldgelb
Besonderes: in über 20 Ländern weltwelt erhältlich

Dampfbier

Mildes bernsteinfarbenes Bier aus Zwiesel mit unverwechselbarem Geschmack. Dampfbier wurde aus der Not heraus geboren. Der Bayerische Wald war eine arme Gegend, Weizen und Hopfen teure Rohstoffe. Zum Brauen nahm man in der 1889 gegründeten 1. Dampfbierbrauerei Zwiesel deshalb nur Gerstenmalz und sparte mit dem Hopfen. Da moderne Kühltechniken noch unbekannt waren, verwendete man eine obergärige Hefe, die auch bei höheren Temperaturen gut vergärt. Bei der Gärung in hölzernen offenen Bottichen stieg sie rasch an die Oberfläche, dabei bildete sich hoher Schaum mit großen Kohlensäureblasen, die zerplatzten. So entstand der Eindruck, „das Bier dampft".

Original Dampfbier wurde 1989 zur 100-Jahr-Feier der Familienbrauerei in Zwiesel nach alter Tradition wieder eingebraut. Die Brauerei hat sich in den letzten Jahren von der historischen Erlebnisbrauerei hin zur gläsernen Brauerei entwickelt. Alle Produktionsbereiche sind inzwischen auch für Besucher zugänglich.

Brauerei: 1. Dampfbierbrauerei Zwiesel
Ort: Zwiesel
Biertyp: obergäriges, nur leicht gehopftes Gerstenbier
Alkoholgehalt: 5 %
Stammwürze: 11,5 %
Farbe: bernsteinfarben
Besonderes: unverwechselbarer Geschmack

Darmstädter Bräustüb'l Naturtrüb

Das Bier der südhessischen Brauertradition. Samtweich im Geschmack, naturbelassen, gebraut mit natürlicher Hefe aus hochwertigen Zutaten: Wasser aus dem eigenen Tiefbrunnen, Malz aus hessischer Gerste und Aromahopfen aus der Hallertau. Die Deutsche Landwirtschafts-Gesellschaft (DLG) prämierte Braustüb'l Naturtrüb 2013 mit der Goldmedaille. Die internationale Qualitätsprüfung der DLG gilt als die weltweit anspruchsvollste Analyse für Biere nach dem Reinheitsgebot von 1516. Zehn Sachverständige untersuchen Proben auf Qualität, Frische und Geschmacksstabilität.

In der Darmstädter Privatbrauerei werden seit 1847 nach alter Handwerkstradition und mit viel Liebe fürs Detail charaktervolle Biere hergestellt. Darmstädter Bräustüb'l ist eine von 13 Biersorten der Darmstädter Privatbrauerei, die zu den innovativsten in Hessen gehört. Sie war die erste Brauerei Deutschlands, die 1995 ein Biermischgetränk auf den Markt brachte.

Brauerei: Darmstädter Privatbrauerei
Ort: Darmstadt
Biertyp: unfiltriertes Kellerbier
Alkoholgehalt: 4,8 %
Stammwürze: 11,5 %
Farbe: bernsteinfarben
Besonderes: „Goldener Preis 2013" der DLG

Über 160 Jahre Braukunst nach Familienrezept: 1847 gründete Wilhelm Rummel die Brauerei und Gaststätte „Zur Eisenbahn" – die heutige **Darmstädter Privatbrauerei**.

Detmolder Landbier

Handgebraute, erfrischend vollmundige Bierspezialität aus gerösteten Malzen, langsam und nachhaltig nach alter Art hergestellt in der Detmolder Privat-Brauerei Strate mit weichem Brauwasser aus dem Herzen des Teutoburger Walds. Das untergärige dunkle Bier wird in Ruhe gereift, nach langer, kalter Lagerung schonend filtriert und in umweltfreundliche Bügelverschlussflaschen abgefüllt. Den Biertreber, ein Abfallprodukt beim Brauen, holen täglich rund 40 Landwirte aus der Region als hochwertiges, eiweißreiches Viehfutter ab. 2005 erhielt die Brauerei den Detmolder Umweltpreis.

Bei der Privatbrauerei Strate ist das Bierbrauen wie in alten Zeiten Frauensache. Die 1863 von Adolf Hüppe gegründete Brauerei, die zu den schönsten Deutschlands zählt, wird heute in der fünften Generation von Renate Strate und ihren beiden Töchtern geführt. Pünktlich zum 150. Geburtstag der Brauerei wurde ihr Detmolder Thusnelda, eine kühle, blonde, „germanisch-erfrischende" neue Bierspezialität, vom ProBier-Club zum „Bier des Jahres 2013" gewählt.

Brauerei: Privat-Brauerei Strate
Ort: Detmold
Biertyp: untergäriges Dunkles
Alkoholgehalt: 4,8 %
Stammwürze: k.A,
Farbe: bernsteinfarben
Besonderes: regionales Bier mit zahlreichen Auszeichnungen

Wer Ausflüge am Niederrhein macht, etwa zur alten Turmwindmühle im Nettebruch, kommt beim Einkehren in einem Gasthof in den Genuss von **Diebels**.

Diebels Alt

„Jeder Tag ein schöner Tag. Mit freundlichem Diebels.“ Diebels Alt hat es geschafft, zum Inbegriff und Botschafter der Bierkultur einer ganzen Region zu werden. Mit einem Anteil von über 50 Prozent ist es Marktführer im Altbiersegment. Sein dunkles Spezialmalz und die obergärige Brauart verleihen Diebels Alt die bernsteinartige Farbe, seinen frischen, unverwechselbaren Geschmack und seine Bekömmlichkeit.

Diebels – die dunkle Alternative unter den deutschen Premium-Bieren – wird bereits seit 1878 im niederrheinischen Städtchen Issum gebraut. Bis Anfang der 1970er-Jahre wurde in der Privatbrauerei fast jede in Deutschland gängige Biersorten hergestellt. Dann entschloss sich das Familienunternehmen zu einer Neuorientierung: Es wurde nur noch Altbier gebraut. Schnell stieg die Regionalbrauerei zum Marktführer im Altbierbereich auf. Seit 2005 ist Diebels eine Marke des Brauereikonzerns Anheuser-Busch InBev.

Brauerei: Brauerei Diebels
Ort: Issum / Niederrhein
Biertyp: obergäriges Altbier
Alkoholgehalt: 4,9 %
Stammwürze: 11,5 %
Farbe: bernsteinfarben
Besonderes: Marktführer im Altbiersegment

Dinkelacker CD-Pils

Dinkelacker. Von ganzem Herzen hier." Dinkelacker und die Region Stuttgart gehören zusammen wie Hopfen und Malz. Dinkelacker CD-Pils ist ein edelherbes, untergäriges Pils mit deutlicher Hopfennote. Herbfrisch und rein, gebraut nach der harmonisch abgestimmten Dinkelacker Pils-Rezeptur und streng nach dem deutschen Reinheitsgebot. Die Privatbrauerei setzt zu 100 Prozent auf Rohstoffe aus der Region. „So unterstützen wir die hiesige (Land)Wirtschaft, halten Transportwege kurz und bewahren das, was für uns wirklich zählt: unsere Heimat – und den Geschmack unserer Biere."

Die Dinkelacker-Brauerei wurde 1888 von Kommerzialrat Carl Dinkelacker gegründet, 1971 wurde die Fusion mit der Stuttgarter Brauerei Wulle vollzogen. Das Sortiment der Stuttgarter Privatbrauerei umfasst heute sieben Bierspezialitäten für jeden Geschmack, darunter das CD Helle, gebraut nach der Originalrezeptur von Carl Dinkelacker, abgefüllt in die 0,33-Liter-Stubbi-Flasche.

Brauerei: Dinkelacker-Schwaben Bräu
Ort: Stuttgart
Biertyp: untergäriges Pils
Alkoholgehalt: 4,9 %
Stammwürze: 11,4 %
Farbe: gold
Besonderes: gebraut mit 100 Prozent regionalen Zutaten

Distelhäuser Pils

Die Krone der Distelhäuser Braukunst. Gebraut mit Malz aus bester Taubertaler Gerste, feinstem Hopfen aus Tettnang und der Hallertau und kristallklarem Quellwasser. Hell, mit feinporigem Schaum, ausgewogener Bittere und einem ausgeprägten Hopfenaroma. Das untergärige Premium-Pils besticht nach Brauereiangabe durch seine noble Eleganz – „ein wahrhaft weltmeisterlicher Genuss". Zu den zahlreichen Auszeichnungen gehören Gold beim World Beer Cup 2002, zweimal Silber beim European Beer Star und sechs Silber- und Goldmedaillen beim internationalen DLG-Qualitätswettbewerb, zuletzt 2012 Gold.

Seit 1876 ist die Distelhäuser Brauerei im Besitz der Familie Bauer. Das mittelständische Unternehmen in Tauberfranken fördert die nachhaltige Regionalwirtschaft und ist Mitglied der „Freien Brauer", einem Verbund von führenden und unabhängigen Privatbrauereien. Derzeit werden in Distelhausen 18 verschiedene Bierspezialitäten nach alten Brauverfahren der Region hergestellt.

Brauerei: Distelhäuser Brauerei
Ort: Tauberbischofsheim-Distelhausen
Biertyp: untergäriges Pils
Alkoholgehalt: 4,9 %
Stammwürze: 11,5 %
Farbe: hellgelb
Besonderes: zahlreiche internationale und nationale Auszeichnungen

Dortmunder Kronen Export

Ursprünglicher Geschmack aus dem Herzen Dortmunds – das erste Dortmunder Exportbier. Wie kein anderes Bier steht es als Symbol für die Stadt, in der dieser Biertyp erfunden wurde. Bis heute zählt Dortmund zu den internationalen Biermetropolen und verweist stolz auf seine zahlreichen Traditionsmarken. Eine davon ist das Dortmunder Kronen. Das Stammhaus wurde erstmals 1430 urkundlich als „die alte Krone am Markt" erwähnt. 1843 führte der damalige Braumeister Heinrich Wenker als erster Dortmunder Braumeister die untergärige Brauweise ein, und das Bier setzte sich schnell am Markt durch.

Auch heute noch ist das Dortmunder Kronen Export beliebt in Dortmund und Westfalen, nicht zuletzt wegen seiner markanten Geschmackseigenschaften. Dank eines besonderen Maisch- und Gärverfahrens schmeckt es angenehm malzig, vollmundig und dennoch mild. Der Hopfen sorgt für leicht herbe Frische. Dem Malz, das gegenüber dem Hopfen dominiert, verdankt es seine Süffigkeit.

Brauerei: Kronen Privatbrauerei Dortmund
Ort: Dortmund
Biertyp: untergäriges Export
Alkoholgehalt: 5,1 %
Stammwürze: 12,2 %
Farbe: goldgelb
Besonderes: kräftig malzig mit leichter Süße

Dortmunder Union Export

Ein echtes Exportbier aus der Stadt, in der diese Bierspezialität erfunden wurde. Das neue untergärige Bier nach bayerischer Brauart fand schnell großen Anklang in der Bevölkerung. Mit dem Export, das weniger herb, dafür aber haltbarer ist als ein Pils, erwarb sich Dortmund schon bald den Ruf einer Bierstadt. In den 1950er- und 1960er-Jahren wird es sogar zur Bierhauptstadt Europas. Schon 1895 zählte die Dortmunder zu den umsatzstärksten Brauereien im Ruhrgebiet.

Das milde, vollmundige Bier wird bis heute nach dem deutschen Reinheitsgebot aus Wasser, Gerstenmalz, Hopfen und Hopfenextrakt gebraut. Unter der Dachmarke Dortmunder Union firmieren die beiden Sorten Dortmunder Union Export und Dortmunder Union Siegel Pils. Das Brauerei-Logo auf dem Gebäude der Dortmunder Union Brauerei, das goldene „U", ist bis heute das inoffizielle Wahrzeichen der Stadt.

Brauerei: Brauerei Brinkhoff
Ort: Dortmund
Biertyp: untergäriges Export
Alkoholgehalt: 5,3 %
Stammwürze: 11,8 %
Farbe: goldgelb
Besonderes: malzigsüffig, gut gehopft

Noch immer prägen die ornamentreich verzierten Umgebindehäuser aus dem 15./16. Jahrhundert, errichtet in slawischer Blockbauweise mit fränkischem Fachwerkbau, das Ortsbild vieler Dörfer in der Oberlausitz, wo das **Eibauer Schwarzbier** beheimatet ist.

Eibauer Schwarzbier

Das große Schwarze – feinwürzig und aromatisch aus der sächsischen Schwarzbierhauptstadt Eibau. Die vollmundige Bierspezialitiät aus der Oberlausitz ist eines der ältesten und beliebtesten Schwarzbiere Deutschlands. Anders als seine kräftig-dunkle Farbe vermuten lässt, ist Schwarzbier kein Starkbier.

Vor dem Fall der Mauer gehörte das spritzige Bier zu den kulinarischen Spezialitäten der DDR, inzwischen hat es auch die alten Bundesländer erobert. Stolz blickt die Privatbrauerei Eibau auf über 200 Jahre Braukunst und Brautradition zurück. 1810 erhielt sie als erste Landbrauerei im Zittauer Raum das Braurecht auf die Herstellung von Bieren. Nach einer 18 Jahre dauernden Zwangsverstaatlichung ist die Eibauer Brauerei seit 1990 wieder in Privathand. Heute gehören 14 Bierspezialitäten zu ihrem Sortiment, darunter 1810 Jubiläums Pilsner, Eibauer Porter, Lausitzer Dunkel, St. Marienthaler Klosterbräu, Lausitzer Häuselbier und Eibauer Zwick'l.

Brauerei: Privatbrauerei Eibau i. Sa.
Ort: Eibau / Sachsen
Biertyp: untergäriges dunkles Vollbier
Alkoholgehalt: 4,5 %
Stammwürze: mind. 11 %
Farbe: schwarz
Besonderes: „Goldener Preis 2013" der DLG

Bier aus **Einbeck** – hier der Marktplatz mit dem Eulenspiegel-Brunnen im Vordergrund – weist über 600 Jahre Brautradition auf.

Einbecker Ur-Bock Hell

Vollmundig, würzig und unverfälscht – gebraut nach Original-Rezeptur. Einbecker, „das Bier von hier", ist einzigartig. Es ist nicht nur für seine stolze Historie berühmt, sondern auch aus einem anderen Grund bekannt: Das Bockbier stammt nicht, wie häufig vermutet, aus Bayern, sondern aus der niedersächsischen Hansestadt Einbeck. Darauf ist auch der Name zurückzuführen. Aus „Ainpöckisch Bier" wurde später schlicht Bockbier, heute auch unter dem Begriff Starkbier bekannt.

Einbecker Bier ist Brautradition seit mehr als 600 Jahren. Seit 1378 sorgen die Einbecker Braumeister mit Leidenschaft, handwerklichem Geschick und besten Zutaten für genussvolle Biere. Flaggschiff der Einbecker Brauerei ist neben dem Bockbier das klassisch-herbe Brauherren Pils, die perfekte Komposition aus bestem Hopfen und ausgewählten Edelmalzen. Es wird in einer Exklusivflasche abgefüllt, die 1851 erstmals eingesetzt wurde und bis heute als eines der Markenzeichen des Einbecker Brauhauses gilt.

Brauerei: Einbecker Brauhaus
Ort: Einbeck
Biertyp: untergäriges helles Bockbier
Alkoholgehalt: 6,5 %
Stammwürze: 16,2 %
Farbe: goldgelb
Besonderes: Marktführer unter den hellen Bockbieren

Engel Gold

Prost mein Engel" – so der Slogan der Biermanufaktur Engel. Ihr Engel Gold ist ein Genuss für alle Sinne. Leuchtend goldgelbes, glanzfeines Aussehen, im Geruch ausgewogene Hopfenblume und Malznote, kräftiger Geschmack, angenehme Bittere mit leicht unterlegter Süßnote, mit deutlichem Malzcharakter. Das untergärige Helle wird mit einer Mischung aus Hallertauer Bitterhopfen und Aromahopfen sowie hellem Malz aus zweizeiliger Sommergerste gebraut.

Die mittelständische Biermanufaktur Engel ist seit 1877 im Besitz der Familie Fach. In der fünften Generation braut das Familienunternehmen Bierspezialitäten aus ausgesuchten Rohstoffen mit einer traditionell drucklosen Gärung von sieben Tagen und einer Lagerzeit von mindestens sechs Wochen bei 0 °C. Alte Rezepturen und moderne Brautechnologie ergeben Bierspezialitäten auf höchster Qualitätsstufe. Regelmäßig wird die Biermanufaktur mit den höchsten Preisen für ihre Biere ausgezeichnet.

Brauerei: Biermanufaktur Engel
Ort: Crailsheim / Baden-Württemberg
Biertyp: untergäriges Helles
Alkoholgehalt: 5,4 %
Stammwürze: 12,8 %
Farbe: goldgelb
Besonderes: zahlreiche Auszeichnungen, u. a. „Goldener Preis 2012" der DLG

Erharting Export

Das traditionelle Bier Bayerns: süffig, vollmundig, weich und würzig mit angenehm abgerundeter Bittere. Gebraut wird das untergärige Helle getreu nach dem bayerischen Reinheitsgebot von 1516. Gerste und Weizen für das Erhartinger Bier werden vorwiegend in der eigenen Landwirtschaft angebaut und in der eigenen Mälzerei zu Malz verarbeitet. Das Brauwasser stammt aus dem eigenen Tiefbrunnen, der Hopfen direkt aus der Hallertau. „Das ist Qualität, die der Bierkenner schmeckt – aus der Heimat, für die Heimat", so die Brauerei Erharting, die großen Wert auf Ökologie und Bodenständigkeit legt.

1872 brauten die Gastwirte und Ökonomen Ignaz und Katharina Liebhart das erste Bier in Erharting. Inzwischen führt die vierte Generation das mittelständische Familienunternehmen, dessen erklärtes Unternehmensziel es ist, „Arbeitsplätze wohnnah zu sichern und einen Beitrag zur bayerischen Biervielfalt zu leisten." Das Sortiment umfasst 13 Biere, vier alkoholfreie Limonaden und ein Tafelwasser.

Brauerei: Brauerei Erharting
Ort: Erharting / Oberbayern
Biertyp: untergäriges Helles / Export
Alkoholgehalt: 5,1 %
Stammwürze: 12,5 %
Farbe: goldgelb
Besonderes: Export aus einer mittelständischen Privatbrauerei

Bräu
G. Faust
1654
LÖWENBRAU

Faust Export Urhell

Ein Muss für Freunde des Exportbiers": strohgelbes, untergäriges Exportbier in der traditionellen Bügelverschlussflasche – süffig, vollmundig, weich und würzig. Beste Bierqualität und erstklassiger Geschmack für die Region, das ist die Philosophie des Brauhaus Faust, der Brauerei für Odenwald, Spessart und die angrenzenden Regionen.

Seit über 350 Jahren ist das Brauhaus im fränkischen Miltenberg zu Hause, und darauf ist der Familienbetrieb stolz: „Während sich andere Brauereien anstrengen, weltweit bekannt zu werden, genießen wir es, in der Region bekannt zu sein." Getreu dem Motto „Faust. Das bleibt unter uns", unterstützt die Privatbrauerei Vereine, Kultur, Sport und soziale Projekte. Ihr Biersortiment umfasst neben den klassischen Bierspezialitäten auch Raritäten wie Jahrgangsbock, Holzfassgereifter Eisbock und Auswandererbier 1849, das ursprünglich mit einem sehr hohen Alkoholgehalt und einer extremen Hopfenbittere für die lange Überfahrt eingebraut wurde.

Brauerei: Brauhaus Faust
Ort: Miltenberg / Unterfranken
Biertyp: untergäriges helles Export
Alkoholgehalt: 5,3 %
Stammwürze: 12,8 %
Farbe: strohgelb
Besonderes: „Manche verbessern die Welt. Wir die Heimat." (Firmenphilosophie)

Feldschlößchen Pilsner

Original Dresdner Braukunst: würziger Pilsgeschmack mit einer leichten Hopfennote und angenehmer Frische, gebraut mit Brauwasser aus dem Erzgebirge.

Feldschlößchen Pilsner ist eine von sechs Biersorten der Brauerei Feldschlößchen Aktiengesellschaft, zu der auch die Marken Coschützer Pils, Schwarzer Steiger, Dresdner Felsenkeller Pilsner und Dresdner Felsenkeller Urhell gehören. Die Aktienbrauerei blickt auf eine über 150-jährige Brautradition zurück. Sie ist heute eine der größten Braustätten Sachsens und die einzige Brauerei Dresdens. Im Mai 1838 kauften die Gebrüder Meisl ein beliebtes Ausflugslokal an der südlichen Stadtgrenze Dresdens und erbauten dort eine Lagerbierbrauerei. 20 Jahre später wurde die „Aktienbrauerei zum Feldschlößchen" gegründet. 1960 erfolgte der Zusammenschluss der einzelnen Brauereien Dresdens zu dem VEB Dresdner Brauereien, der späteren Sächsischen Brau-Union. 1995 wurde sie in Feldschlößchen Aktiengesellschaft umbenannt.

Brauerei: Feldschlößchen Aktiengesellschaft
Ort: Dresden-Coschütz
Biertyp: untergäriges Pilsner
Alkoholgehalt: 4,9 %
Stammwürze: 11,2 %
Farbe: hellgolden
Besonderes: mit Brauwasser aus dem Erzgebirge

Die mit Holzfässern hoch beladenen, von Pferden gezogenen Bier-Fuhrwagen prägten im 19. Jahrhundert vielerorts das Straßenbild – wie hier in Miltenberg, wo die **Brauerei Faust** braut.

Fischer's Pilsner

Kräftiges und vollmundiges untergäriges Pils. Die abgerundete, leichte und feinherbe Bittere des Aromahopfens hebt den Malzcharakter hervor und ergibt einen besonders ausgewogenen, fülligen und ruhigen Geschmack. Fischer's Pilsner ist der Grundstein des Brauhauses. Sein Slogan: „Regional schmeckt optimal."

Der Name „Fischer's" steht in Mössingen gleichermaßen für Braukunst, Gastlichkeit und Service. Seit über 275 Jahren wird hier nach dem Reinheitsgebot von 1516 Bier gebraut. 1938 übernahm Braumeister Heinrich Fischer senior die Brauerei Mössingen, die heute in dritter Generation von der Familie geführt wird. Bei der Bierproduktion wird auf eine konsequente regionale Ausrichtung geachtet. Die Braumeister verwenden ausschließlich Tettnanger Aromahopfen und Braugerste aus kontrolliert integriertem Anbau in Baden-Württemberg. Auch die Namen einiger Bierspezialitäten wie Dreifürstensteinpils oder Heinerle zeugen von Heimatverbundenheit.

Brauerei: Fischer's Brauhaus
Ort: Mössingen / Baden-Württemberg
Biertyp: untergäriges Pils
Alkoholgehalt: 4,8 %
Stammwürze: 11,8 %
Farbe: gold
Besonderes: Gütesiegel „Qualität aus Baden-Württemberg" und DLG-Goldmedaille 2012

Flensburger Pilsener

Der Klassiker in der Bügelverschlussflasche. Seit 1888 gehört das „Plop" aus Flensburg zum guten Ton, ebenso wie das Pilsener. Unverwechselbar in Charakter und Frische, gebraut von der Privatbrauerei Flensburger Brauerei Emil Petersen, die weitgehend in Familienbesitz ist. Sein außergewöhnlich herbwürziges Aroma und die Verwendung ausgesuchter Hopfensorten stehen für den guten Geschmack. Das sehr helle, schlanke Bier nach Pilsener Brauart mit sehr gutem Schaum, einem vollmundig-weichen und frischen Geschmack und einer leichten Hefeblume wird durch seinen kräftigen, angenehm hopfenbitteren Charakter so einzigartig. Gebraut wird es mit Gerste von regionalen Bauern, die im kraftvollen Klima der Nord- und Ostsee gedeiht und deshalb liebevoll „Küstengerste" genannt wird.

Schleswig-Holsteins größte Brauerei feiert 2013 ihr 125-jähriges Bestehen. Passend dazu gibt es eine Neuauflage des Flensburger Bierklassikers – Flensburger Edles Helles, gebraut nach einem Flensburger Originalrezept von 1955.

Brauerei: Flensburger Brauerei Emil Petersen
Ort: Flensburg
Biertyp: untergäriges Pils
Alkoholgehalt: 4,8 %
Stammwürze: 11,3 %
Farbe: hellgelb
Besonderes: herbwürzig, hopfig, frisch

Sommerliche Hafenidylle in Flensburg. Seit 125 Jahren wird in der Stadt das herbwürzige **Flensburger Pilsener** gebraut.

Flötzinger Hell

Das Kultbier seit Generationen. Süffig, vollmundig, mit milder Hopfennote und ausgeprägter Malzaromatik. Das Bier für Kenner." Gebraut wird es in der oberbayerischen Flötzinger Brauerei Franz Steegmüller, der einzigen und ältesten Privatbrauerei im Raum Rosenheim.

2013 feiert die Brauerei ihr 470. Gründungsjahr. Ihr Leitspruch: „Dem Guten treu – Flötzinger Bräu". Die Brauerei wird regelmäßig im In- und Ausland für die herausragende Qualität ihrer Biere ausgezeichnet. So erhielt das Flötzinger Hell 2013 die DLG-Prämierung „Goldener Preis" und wurde 2012 bei den World Beer Awards als „World's Best Lager Hell" ausgezeichnet. Der Flötzinger Josefibock erhielt im gleichen Jahr die Auszeichnung als „World's Best Lager Bock", nachdem es ein Jahr zuvor bereits zu „Europas bestem Doppelbock" gekürt worden war. Der World Beer Award ist neben der DLG-Prämierung und dem European Beer Star einer der bedeutendsten und härtesten Bierwettbewerbe der Welt.

Brauerei: Flötzinger Brauerei Franz Steegmüller
Ort: Rosenheim
Biertyp: untergäriges Helles
Alkoholgehalt: 5,2 %
Stammwürze: 12,1 %
Farbe: hell
Besonderes: zahlreiche nationale und internationale Auszeichnungen

GALERIE
JUNGE
KUNST

Frankengold

Ein echter Klassiker für Liebhaber des fränkischen Exportbiers: vollmundig und leicht malzaromatisch. „So frisch, so fränkisch" stellt das Brauhaus Schweinfurt regionale Qualitätsbiere her. Dabei setzt das Brauhaus auf regionale Rohstoffe – Gerste und Weizen von heimischen Bauern und Malz von den Mälzereien aus der Umgebung, das Wasser aus Schweinfurt und den Hopfen aus der Hallertau.

Das inhabergeführte Brauhaus entwickelt Biere nach eigener Rezeptur, abgestimmt auf den regionalen Geschmack. „Der Franke trinkt seit 15 bis 20 Jahren tendenziell eher mildere Biere", weiß der Braumeister und betont vor allem die Bekömmlichkeit und Spritzigkeit seiner Biere. Neben Frankengold sind Pils und Weißbier die Hauptbiersorten. Märzen, Ur-Dunkel, Ur-Hell, Schwarze Weisse, Radler und das Trendbier Alpha ergänzen das breit gefächerte Biersortiment. Außerdem produziert das Brauhaus noch qualitativ hochwertige alkoholfreie Biere und Erfrischungsgetränke.

Brauerei: Brauhaus Schweinfurt
Ort: Schweinfurt
Biertyp: untergäriges Helles
Alkoholgehalt: 5,4 %
Stammwürze: ca. 11,8 %
Farbe: gold
Besonderes: vollmundiges, malzaromatisches Qualitätsbier aus Franken

Frankfurter Pilsener

„Frankfurter! Immer die bessere Wahl!" Beliebtes Premium-Pilsener aus der Oderstadt Frankfurt mit etwas höherem Stammwürzegehalt und daraus resultierendem höheren Alkoholgehalt. Milde, feinherbe und harmonische Hopfennote sowie eine angenehme Vollmundigkeit.

Seit 1396 wird in Frankfurt an der Oder Bier gebraut. Die mehr als 600-jährige Brautradition wurde einst von Karthäusermönchen entwickelt und verfeinert. Mit der Zerstörung der Frankfurter Ostquell-Brauerei AG im Jahr 1945 endete die Braugeschichte der Stadt zunächst. Erst 1988 nahm die Oderland-Brauerei (heute Frankfurter Brauhaus) die alte Brautradition wieder auf. „Bier braucht Heimat und diese haben unsere Marken als typische Heimatbiermarken im Land Brandenburg gefunden", davon ist das Frankfurter Brauhaus überzeugt. Ihr Sortiment neben dem Premium Pilsener: Export, Pilsator, Hefeweizen, Radler und Maltonade, ein Bio-Erfrischungsgetränk mit natürlich fermentiertem Gerstenmalzextrakt.

Brauerei: Frankfurter Brauhaus
Ort: Frankfurt (Oder)
Biertyp: untergäriges Pils
Alkoholgehalt: 5,2 %
Stammwürze: ca. 11,8 %
Farbe: goldgelb
Besonderes: „Goldener Preis 2013" der DLG

Aus Frankfurt (Oder) – hier das ab 1253 in norddeutscher Backsteingotik erbaute Rathaus – kommt das **Frankfurter Pilsener**. Die Stadt blickt auf über 600 Jahre Braugeschichte zurück.

Franziskaner Weissbier Naturtrüb

Der original-frische Weißbiergeschmack. Kupfergoldenes Weizenbier mit naturtrüber Opaleszenz, das einen aromatischen Duft mit harmonischer Frucht entfaltet, in dem Bananen und Zitrusfrüchte grüßen lassen. Dezent würzig, spritzig, frisch, mit mild-süßlichem Ausklang. Gebraut im Sinn der bayerischen Biertradition: Hopfen und Malz stammen aus Anbaugebieten in Bayern, die spezielle obergärige Hefe aus eigener Reinzucht, das Wasser aus dem brauereieigenen Brunnen.

Die Geschichte der franziskanischen Braukunst begann 1363. In diesem Jahr wurde erstmals die „Bräustatt by den Franziskanern" in der Nähe der Residenz in München erwähnt. 1935 gestaltete der Münchner Künstler Ludwig Hohlwein das bis heute gültige Markenbild: Das Bildnis eines Cellerars der Franziskanermönche steht immer noch für die unübertroffene Qualität von Franziskaner Weissbier. Und bis heute wird das Bier ausschließlich in München hergestellt und abgefüllt.

Brauerei: Spaten-Franziskaner-Bräu
Ort: München
Biertyp: obergäriges naturtrübes Weißbier / Weizenbier
Alkoholgehalt: 5,1 %
Stammwürze: 11,8 %
Farbe: kupfergold
Besonderes: EU-weit geschütztes Herkunftszeichen „g.g.A." (geschützte geografische Angabe)

Nur echt mit dem Mönch. Die Münchner **Franziskaner-Brauerei** war das erste Unternehmen, das einen Mönch als Markenzeichen verwendete.

Freiberger Pils

Naturherb-frischer Pilsgeschmack aus Sachsen, kraftvoll und harmonisch mit ausgewogen milder Note. Gebraut mit quellklarem, weichem Wasser aus dem Erzgebirge, Braumalz aus sächsischen Mälzereien, ausgesuchtem Aromahopfen und Hefe aus brauereieigener Reinzucht.

Biere aus Freiberg sind traditionell kräftiger gebraut – dienten sie doch als „gehaltvolles, süffiges Grundnahrungsmittel" für Männer, die im Silberbergbau arbeiteten. Wenn sich einst die Bergknappen nach getaner Arbeit in einer der Schenken zusammensetzten, stand immer ein frisches Bier auf dem Tisch. Natürlich Freiberger Bier. Heute steht für diese über 800-jährige Tradition der Freiberger Braukunst das Freiberger Pils. Im 1996 errichteten neuen Freiberger Brauhaus, das die alte Braustätte im Herzen der Bergstadt ablöste, sorgen gegenwärtig über 170 Mitarbeiter dafür, dass die Quelle sächsischer Braukunst nicht versiegt.

Brauerei: Freiberger Brauhaus
Ort: Freiberg / Sachsen
Biertyp: untergäriges Pils
Alkoholgehalt: 4,9 %
Stammwürze: 11,6 %
Farbe: gold
Besonderes: herb-frisch mit ausgewogen milder Note

Früh Kölsch

Frische, obergärige und süffige Bierspezialität aus Köln, gebraut nach der Original-Rezeptur in der fünften Generation von der Cölner Hofbräu P. Josef Früh, einem Familienunternehmen.

1904 eröffnete Peter Josef Früh am Kölner Dom ein Brauhaus, das schon bald zu einer Wallfahrtsstätte für Kölschliebhaber und zum „Besten Brauhaus der Stadt" wurde. 1969 führte Früh das begehrte Bier in der Flasche ein, sodass man von nun an Früh Kölsch auch zu Hause genießen konnte. Zehn Jahre später überschritt der Jahresausstoß erstmals 100.000 Hektoliter. Weil die Kapazitäten im Brauhaus nicht mehr ausreichten, errichtete man am nördlichen Stadtrand eine moderne Kölschbrauerei, aus deren Sudkesseln inzwischen über 400.000 Hektoliter Früh Kölsch jährlich fließen. In den mittelalterlichen Gewölbekellern, die früher als Gär- und Lagerräume gedient hatten, wurde im Januar 1998 Kölns erster Brauhauskeller eröffnet.

Brauerei: Cölner Hofbräu Früh
Ort: Köln
Biertyp: obergäriges Kölsch
Alkoholgehalt: 4,8 %
Stammwürze: ca. 11,3 %
Farbe: hellgold
Besonderes: drittgrößte Kölschbrauerei

Fürstenberg Premium Pilsener

Das Pils des Südens. Schlank und hopfenfrisch – so wie es Biertrinker im Süden gerne genießen. Als der Braumeister Josef Munz 1895 sein erstes Bier nach Pilsener Brauart braute, löste er Begeisterung aus; Fürstenberg wurde sogar zum Tafelgetränk seiner Majestät des Kaisers erhoben. Durch das weiche Quellwasser und den besonders hochwertigen Hopfen entfaltet das Premium Pilsener seinen frischen, feinherben Pilsgeschmack. Der klare Glanz, die strohgelbe Farbe und der feinporige Schaum machen Lust auf mehr.

Die Fürstlich Fürstenbergische Brauerei aus Donaueschingen ist eine der führenden Brauereien Baden-Württembergs. „Fürstenberg, das ist Bierkultur seit 1283", so die Brauerei, „seit 1283 steht der Name für die hohe Kunst des Bierbrauens". Mit den Jahrhunderten hat die Fürstlich Fürstenbergische Brauerei eine einzigartige Bierkultur geprägt, die weit über den Süden Deutschlands hinaus höchste Anerkennung findet.

Brauerei: Fürstlich Fürstenbergische Brauerei
Ort: Donaueschingen
Biertyp: untergäriges Pils
Alkoholgehalt: 4,8 %
Stammwürze: 11,2 %
Farbe: strohgelb
Besonderes: einst Tafelgetränk des Kaisers

Gaffel Kölsch

Obergärig, hell, blank, hochvergoren und hopfenbetont. Das klassische Gaffel Kölsch ist eine besonders frische Kölner Bierspezialität, die nach bewährtem Familienrezept mit Wasser, Malz, Hopfen und Hopfenextrakt gebraut wird. Der feinherbe, angenehme, leicht hopfenbetonte Geschmack, ergänzt um die goldgelbe Farbe und den feinporigen Schaum, ist charakteristisch für dieses Traditionsprodukt. Die Braugerste dafür bezieht die Brauerei von regionalen Landwirten aus kontrolliertem und integriertem Ackerbau. „Als traditionsreiches Kölner Unternehmen legen wir großen Wert auf eine enge Bindung zur heimischen Wirtschaft und die Stärkung der Bauern in der Region", so der geschäftsführende Gesellschafter der Privatbrauerei Gaffel, Heinrich Philipp Becker.

2010 erweiterte die Brauerei ihr Angebot um die Gaffel Fassbrause, die schnell auch außerhalb des Kernabsatzgebiets Nordrhein-Westfalen zur Kultmarke wurde. „Die Brause vom Brauer" wurde 2013 mit der DLG-Goldmedaille ausgezeichnet.

Brauerei: Privatbrauerei Gaffel Becker & Co.
Ort: Köln
Biertyp: obergäriges Kölsch
Alkoholgehalt: 4,8 %
Stammwürze: 11,2 %
Farbe: goldgelb
Besonderes: die Nr. 2 im Kölschmarkt

Der Dom, der 1996 von der UNESCO als eines der europäischen Meisterwerke gotischer Architektur zum Weltkulturerbe erklärt wurde, gehört zu Köln wie das **Gaffel Kölsch**.

HYUNDAI

Gilden Kölsch

Das Kölsch der Kölschen. Es vereint die Kölner und ihre Veedel. In keiner anderen Stadt spielt das Viertel, in dem man lebt, eine so große Rolle wie in Köln. Das Veedel ist eine eigene kleine Stadt in der Stadt, mit jeweils speziellem Flair und Charakter. Hier hat der Kölner seinen Lebensmittelpunkt und geht mit seiner Familie und Freunden auch gerne einmal das eine oder andere Kölsch trinken. 2006 startete die Brauerei die Kampagne: „86 Veedel. Ein Kölsch." Sie spielte dabei mit einem kleinen Augenzwinkern auf das spezielle Heimatgefühl der Kölner an. Gilden Kölsch steht dabei als Synonym für kölsche Lebensart.

Das hochvergorene obergärige Kölsch mit feinem Hopfenaroma wird traditionell gebraut. Es überzeugt durch seinen unverwechselbaren leicht malzigen Geschmack. Gilden Kölsch ist ein Bier aus dem Haus Kölscher Brautradition, der Heimat der Kölsch-Marken der Radeberger Gruppe, mit Brauerei und Sitz in Köln-Mülheim.

Brauerei: Haus Kölscher Brautradition
Ort: Köln-Mülheim
Biertyp: obergäriges Kölsch
Alkoholgehalt: 4,8 %
Stammwürze: ca. 11,5 %
Farbe: hellgelb
Besonderes: frisch-süffig, mild

Gilde Pilsener

Das hopfenfrische Pilsener mit dem besonderen Geschmackserlebnis: sympathisch überschäumende Lebensfreude. Es ist weit über die Grenzen Niedersachsens und Deutschlands hinaus bekannt und eine der erfolgreichsten Pilsmarken Norddeutschlands.

Die Gilde Brauerei blickt auf eine lange Tradition zurück. 1526 stellte Cord Broyhan zum ersten Mal den Hannoveranern sein neues, nach ihm benanntes obergäriges Bier vor. 1609 erkannte der Rat der Stadt die Brauereigilde als eigenständige Rechtsperson an – damit ist die Gilde das älteste hannoversche Unternehmen. Zur Jahrtausendwende behauptete sich die Gilde-Gruppe unter den Top Ten der deutschen Brauereiwirtschaft. Inzwischen ist die Traditionsbrauerei eine Marke der Anheuser-Busch InBev. Gilde vereint Produktvielfalt und Qualität miteinander. Ob Gilde Pilsener, Gilde Ratskeller Premium-Pils oder das Exportbier Lindener Spezial – für jeden Geschmack ist etwas dabei.

Brauerei: Gilde Brauerei
Ort: Hannover
Biertyp: untergäriges Pils
Alkoholgehalt: 4,9 %
Stammwürze: ca. 11,3 %
Farbe: goldgelb
Besonderes: erfolgreiche Marke in Norddeutschland

Früher, als das Bier noch in Holzfässern lagerte, war der Küfer fast so wichtig wie der Braumeister. Seine Handwerkskunst beeinflusste Geschmack und Haltbarkeit des Biers.

Glossner Original Neumarkter Bio-Gold

Der hochfeine Biergenuss. Eine Bio-Bierspezialität, die ausschließlich mit deutschem Siegelhopfen aus ökologischem Landbau und Wasser aus dem Neumarkter Mineralbrunnen gebraut wird. Auch das Braumalz – die Seele des Biers – wird aus Gerste von bayerischen Bio-Bauern gemälzt.

Die kleine Sortimentsbrauerei Franz-Xaver Glossner pflegt seit 14 Generationen Tradition und Braukompetenz für den Genießer. Ihre Braugeschichte reicht bis ins Frühmittelalter zurück. Damals betrieben die Vorfahren des heutigen Besitzers in der Nähe von Eichstätt eine Klause und bewirteten Reisende und Pilger mit selbst gebrautem Bier und Speisen. Seit 1574 ist die Kette der Glossner-Braufamilie lückenlos dokumentiert. Heute umfasst das Glossner Sortiment 18 Bierspezialitäten und sieben Bio-Biersorten. Ergänzt werden sie durch vier Bio-Biere der Marke Altdorfer sowie 30 alkoholfreie Erfrischungsgetränke der Marke Neumarkter Mineralbrunnen.

Brauerei: Brauerei Franz-Xaver Glossner
Ort: Neumarkt / Oberpfalz
Biertyp: untergäriges Helles
Alkoholgehalt: 5,1 %
Stammwürze: ca. 12 %
Farbe: goldgelb
Besonderes: Bio-Bierspezialität

Der Charme des Mittelalters – das Gerber- und Fischerviertel in der Ulmer Altstadt. Ein Spaziergang lohnt sich hier ebenso wie die Einkehr in ein Gasthaus, um ein **Gold Ochsen Kellerbier** zu genießen.

Gold Ochsen Kellerbier Dunkel

Waldhonigfarbenes dunkles Kellerbier mit Aromen, die an Trockenfrüchte wie Feige, Dattel und Pflaume erinnern. Auch eine dezente Honignote ist erkennbar. „Im Antrunk werden Zunge und Gaumen durch eine weiche, angenehm malzaromatische Note und eine ausgezeichnete Vollmundigkeit verwöhnt. Zum kräftigen Körper kommt eine angenehme Rezenz." So beschreibt die Brauerei Gold Ochsen die Bierspezialität.

Die Brauerei blickt auf eine über 410-jährige Brautradition zurück. Jede Generation hat sich für Qualität und Frische der Biere sowie den Erhalt der Bierkultur eingesetzt. Tradition verpflichtet: Die Verwendung von Rohstoffen aus der Landwirtschaft der Region und ein verantwortungsvoller Umgang mit der Umwelt sind Grundsätze der Unternehmenskultur. Beste Zutaten, die Kunst des Brauens und die lange Reifephase geben den Gold-Ochsen-Bieren ihren besonderen Geschmack, der ihnen schon früh den Beinamen „Ulms flüssiges Gold" einbrachte.

Brauerei: Brauerei Gold Ochsen
Ort: Ulm
Biertyp: untergäriges naturtrübes Kellerbier
Alkoholgehalt: 5,3 %
Stammwürze: 13,4 %
Farbe: waldhonigfarben
Besonderes: charakterstarke Bierspezialität mit feinen Röstaromen

Gottsmannsgrüner Pils

Helles Premium-Pils mit feinster Aromahopfenblume und sahniger Schaumkrone. Kenner schätzen es als ein echtes Pils aus Oberfranken. Eingebraut wird es nach eigenständiger Rezeptur in handwerklicher Weise aus Qualitätsgerste, ausgesuchtem Aromahopfen aus den besten deutschen Anbaugebieten sowie einem besonders weichen Brauwasser. Nach dem Brauen lassen die Gottsmannsgrüner Brauer dem Pils viel Zeit, um die nötige Reife zu erreichen. Das schmeckt man.

Die Familienbrauerei kann auf eine über 470-jährige Brautradition zurückblicken. Seit ihrer Gründung werden alle Biere streng nach dem bayerischen Reinheitsgebot gebraut. In aller Ruhe reift das Jungbier nach alter Tradition, bevor es im Anschluss nochmals mehrere Monate in den Brauereikellern lagert und dort seinen unverkennbaren Geschmack entwickelt. Nach bayerischer Tradition gebraut wird auch Gottsmannsgrüner Hefe Weisse. Fein und spritzig bis zum Abgang passt das helle Weißbier besonders gut zum typischen Geschmack der fränkischen Küche.

Brauerei: Gottsmannsgrüner Brauerei
Ort: Berg / Oberfranken
Biertyp: untergäriges Pils
Alkoholgehalt: 4,8 %
Stammwürze: mindestens 11 %
Farbe: hellgold
Besonderes: mehrfach ausgezeichnet, u. a. „Goldener Preis 2011" der DLG

Graf Ignaz Premium Pilsner

Feines, edel gehopftes Pils mit extravaganter Note, das mit kraftvoller Würze, ausgewogenen Hopfennoten und erfrischender Spritzigkeit besticht. Ein Muss für den verwöhnten Pilskenner. Gebraut wird es nach dem bayerischen Reinheitsgebot von 1516 mit den besten heimischen Rohstoffen.

Das Premium Pilsner ist nach Ignaz-Felix Graf zu Toerring-Jettenbach (1682–1763) benannt, der bayerischer Feldmarschall, Außenminister, erster Berater des bayerischen Kurfürsten Karl Albrecht und gleichzeitig kunstsinniger Genießer und echter Fürst des bayerischen Rokoko war. Bayerische Geschichte und traditionelle Braukunst sind untrennbar mit den Grafen Toerring verbunden. Sie kämpften entschieden um das Recht, Brauereien gründen und ihr Bier nicht nur für den Eigenbedarf brauen zu dürfen. Ein besonderes Anliegen der Brauerei ist bis heute die Pflege edler Braukunst. 1998 kauften die Bayerischen Graf zu Toerring-Jettenbach-Brauereien das Hofbrauhaus Freising, wo inzwischen auch Graf Ignaz und weitere Toerring-Biere gebraut werden.

Brauerei: Gräfliches Hofbrauhaus Freising
Ort: Freising
Biertyp: untergäriges Pils
Alkoholgehalt: 4,9 %
Stammwürze: 11,6 %
Farbe: hellgelb
Besonderes: edel gehopftes Pils mit extravaganter Note

Graf Toerring Orginal Urhell

Genuss der noblen Art. Angenehm süffiges helles Exportbier voller Geschmack und Würze. Eine feine Rezeptur und beste Zutaten aus heimischem Anbau geben Graf Toerring Original seinen typischen Charakter und unverkennbaren Geschmack. Ein Bier, gebraut nach dem Bayerischen Reinheitsgebot von 1516, dessen Name zu höchster Qualität verpflichtet.

Bayerische Geschichte und traditionelle Braukunst sind untrennbar mit den Grafen Toerring verbunden. Über 700 Jahre dienten die Grafen Toerring bayerischen Herzögen, Fürsten, Bischöfen und Königen – ohne ihre Unabhängigkeit zu verlieren. Ein besonderes Anliegen ist seit jeher die Pflege edler Braukunst. Seit Jahrhunderten brauen die Toerring-Braumeister bestes Bier in einer großen Sortenvielfalt. 1998 kauften die Bayerischen Grafen zu Toerring-Jettenbach das Hofbrauhaus Freising im Herzen Altbayerns, wo inzwischen auch die Toerring-Biere gebraut werden.

Brauerei: Gräfliches Hofbrauhaus Freising
Ort: Freising
Biertyp: untergäriges helles Export
Alkoholgehalt: 4,8 %
Stammwürze: 11,4 %
Farbe: hellgelb
Besonderes: edler Biergenuss mit Tradition

Greizer Bock

Das Starkbier aus der Vereinsbrauerei Greiz, gebraut nach althergebrachter Thüringer Tradition. Ein Saisonbier mit kräftigem Malzgeschmack und hohem Alkoholgehalt, das nur von September bis April angeboten wird. 140 Jahre Braugeschichte, überliefertes Wissen, moderne Technologie, heimische Rohstoffe und fundiertes Fachwissen sind die Grundlage für Greizer Biere.

Gegründet 1872 von drei Greizer Bürgern, löste die Vereinsbrauerei bald das unrentabel gewordene städtische Brauhaus ab. Zunächst spezialisierte man sich auf die Produktion eines halbdunklen Biers Münchner Brauart. Ab 1922 verlagerten sich die Greizer Brauer auf Pilsner-Biere, die auch heute noch dominieren. Nach einer wechselvollen Geschichte erwarb 2010 die Familie Schäfer die Brauerei und führt sie als Familienunternehmen weiter. Die Vereinsbrauerei Greiz war die erste Brauerei in Thüringen, deren Produkte mit dem „Thüringer Herkunftszeichen" prämiert wurden.

Brauerei: Vereinsbrauerei Greiz
Ort: Greiz / Thüringen
Biertyp: untergäriges Bockbier
Alkoholgehalt: 6,7 %
Stammwürze: 16,8 %
Farbe: kupfer
Besonderes: gebraut nach alter Thüringer Tradition

Das **Gräfliche Hofbrauhaus Freising** wurde 1911/12 von Prof. Theodor Ganzenmüller im Jugendstil errichtet. Der Neubau an der Mainburger Straße ersetzte das alte Brauhaus auf dem Domberg.

Haake Beck Pils

Authentisches norddeutsches Pils mit schöner Hopfennote und einem Hauch von Zitrusaromen. Schlank und frisch im Antrunk, ausgewogen herb und trocken im Ausklang. Das Pils besticht durch seinen feinherben Geschmack. Seine ausgewogene Frische und Vollmundigkeit machen es zu einem der beliebtesten Pilsbiere Norddeutschlands.

1826 gründete Cord Hinrich Haake in Bremen die C.H. Haake Brauerei. Sechs Jahre später begann er mit der Herstellung von untergärigem Bier – und einer neuen Vertriebsform. Er braute nicht nur für den Bedarf im eigenen Ausschank, sondern belieferte auch andere Gasthäuser mit dem sogenannten Lager-Bier. Heute gehören zum Produktportfolio neben dem Pils u. a. die Spezialitäten Kräusen sowie Haake Beck Alster. Seit 2007 ergänzt Haake-Beck 12 – das Bier von den Fans für die Fans von Werder Bremen – das Sortiment. Die Haake-Beck Brauerei gehört inzwischen zum weltgrößten Bier-Konzern Anheuser-Busch InBev.

Brauerei: Haake-Beck Brauerei
Ort: Bremen
Biertyp: untergäriges Pils
Alkoholgehalt: 4,9 %
Stammwürze: 11,2 %
Farbe: hellgelb
Besonderes: eines der beliebtesten Pilsbiere Norddeutschlands

Hachenburger Pils

„Frischer Geruch, goldgelber Farbglanz, feinperlig moussierend mit einer feinporig-cremigen Schaumkrone. Das gewisse Etwas an Spritzigkeit, gefolgt von einer sehr angenehmen, frisch-aromatischen Hopfenbittere." So charakterisiert die Westerwald-Brauerei das Hachenburger Pils. Es wird gebraut mit reinem, weichem Wasser aus eigener Quelle und zu 100 Prozent mit Aromahopfen – wie alle Biere der Brauerei. Das gibt den besonderen Geschmack, macht das Bier würziger, aromareicher und charaktervoller.

„Das Gute bewahren und für das Neue aufgeschlossen sein", lautet das Motto der traditionsreichen Westerwald-Brauerei H. Schneider, gegründet im Jahr 1861 in Hachenburg. Die noch heute im Privatbesitz befindliche Brauerei hat sich in über 150 Jahren zur wichtigsten Familienbrauerei der Region entwickelt. Derzeit führt die Westerwald-Brauerei ein Sortiment von zwölf verschiedenen Bierspezialitäten, diversen Biermischgetränken und Luxus-Editionen.

Brauerei: Westerwald-Brauerei H. Schneider
Ort: Hachenburg / Westerwald
Biertyp: untergäriges Pils
Alkoholgehalt: 4,9 %
Stammwürze: 11,6 %
Farbe: goldgelb
Besonderes: zu 100 Prozent mit Aromahopfen gebraut

Hacker-Pschorr Münchner Hell

„Feingehopftes, untergärig gebrautes Lagerbier, das zu Bayern gehört wie die Brezn und der weiß-blaue Himmel. Goldgelb in der Farbe, süffig, frisch und leicht malzig im Geschmack – eben typisch Hacker-Pschorr."

Die Hacker-Pschorr Bräu ist eine der großen Münchner Traditionsbrauereien und vereint jahrhundertealte Brautradition, einen großen Familiennamen – Josef Pschorr ist der einzige Brauer, dessen Büste in der Ruhmeshalle steht – Bodenständigkeit und Verlässlichkeit. „Der Himmel der Bayern" verspricht die Schleife über dem Logo. Das Bier steht bei einer Brauerei natürlich im Vordergrund, aber Bewusstsein für die Heimat bedeutet auch Engagement. Als regionale Marke in Südbayern präsentiert sich Hacker-Pschorr in München und im bayerischen Oberland als Partner der örtlichen Vereine – ob sportlich oder kulturell. Hier ist auch die Heimat typischer und unverfälschter Gasthöfe, in denen man zu einer deftigen Brotzeit Hacker-Pschorr-Biere genießt.

Brauerei: Hacker-Pschorr Bräu
Ort: München
Biertyp: untergäriges helles Lagerbier
Alkoholgehalt: 5 %
Stammwürze: 11,5 %
Farbe: goldgelb
Besonderes: regionale Traditionsmarke in Süddeutschland

Haller Löwenbräu Meistergold Spezial

Aromatisch voll abgerundetes, mild gehopftes Bier, das den höchsten Anforderungen an ein helles Bier entspricht. Hergestellt in einem aufwendigen Maischverfahren und mit ausgesuchten Hefestämmen, ist es eine golden im Glas schimmernde Spezialität nach Braumeisterart. „Jede Region hat individuelle Geschmacksmuster, die erhalten werden müssen. Unser Geschmack ist eben hällisch gut", so Braumeister Hermann Mayerle.

Hochwertige Rohstoffe aus der Region sowie ein bewusster Umgang mit Ressourcen sind das Grundprinzip der Privatbrauerei, die seit 1724 Bier braut. Und das sehr erfolgreich. Sichtbares Zeichen dafür ist das 1903 errichtete Sudhaus; die Backsteinburg prägt bis heute das Stadtbild von Schwäbisch Hall. Die Traditionsbrauerei wurde vielfach ausgezeichnet. Zu ihrem Sortiment gehören Edel-Pils in Premiumqualität, Hefeweizen, Mohrenköpfle, ein mit Spezialmalzen gebrautes, mild gehopftes Bier, und saisonale Spezialitäten wie Böckle und Schwarzer Löwe.

Brauerei: Löwenbrauerei Hall Fr. Erhard
Ort: Schwäbisch Hall
Biertyp: untergäriges Helles
Alkoholgehalt: 4,9 %
Stammwürze: 11,8 %
Farbe: goldgelb
Besonderes: zahlreiche Auszeichnungen, u. a. „Goldener Preis 2013" der DLG

Alte Bierflaschen sind bei Sammlern heiß begehrt. Allerdings nicht wegen des Inhalts – das Bier schmeckt meist schal und säuerlich. Bei **Haller Löwenbräu** hütet man die alten Zeitzeugen sorgsam im historischen Gewölbe.

Hasseröder Premium Pils

„Ein Bier wie eine Männerfreundschaft: echt, ehrlich und kräftig im Abgang. Das beste Bier für beste Freunde." Dahinter stehen 140 Jahre Harzer Braukunst. Das Ergebnis: ein Premium Pils mit mild prickelndem Geschmack und feinwürzigem Hopfenaroma. Hellgelb, glanzfein, vollmundig und bekömmlich.

Die Hasseröder Brauerei, gegründet 1872 im Wernigeroder Stadtteil Hasserode, ist eine der größten Biermarken Deutschlands und zählt zu den modernsten Bier-Produktionsstätten Europas. Pro Stunde werden hier 150.000 Flaschen abgefüllt: Premium Pils, Premium Export, die röstaromatische historische Bierspezialität Fürstenbräu Granat, SCHWARZ – das große Schwarze für den Mann mit speziell veredeltem Gerstenmalz – VIER, die „eiskalt gefilterte Bierqualität mit 4 Prozent Alkohol" und Radler, „das Bier fürs Sonnendeck". Hasseröder zählt zu den größten drei Premium-Pilsmarken in der deutschen Handelslandschaft.

Brauerei: Hasseröder Brauerei
Ort: Wernigerode / Harz
Biertyp: untergäriges Pils
Alkoholgehalt: 4,9 %
Stammwürze: 11,3 %
Farbe: hellgelb
Besonderes: „Goldener Preis 2012" der DLG

Braugerste gilt als die „Seele" des Biers. Sie bestimmt bei allen nach dem deutschen Reinheitsgebot gebrauten Bieren wesentlich Geschmack und Körper.

Hauf Edel-Hell

Ein echtes Helles mit vollem Geschmack. Immer ein Genuss. Das helle, süffige Vollbier, das in der Traditionsbrauerei Hauf im mittelfränkischen Dinkelsbühl gebraut wird, ist eine bayerische Spezialität. Malzig und weniger hopfenbetont ist dieser untergärige, goldgelbe Biertyp etwas milder und körperreicher als die norddeutschen Biere.

Die Brauerei Hauf wurde 1901 von Friedrich Hauf gegründet. Anfangs braute man nur zum Ausschank in der eigenen Wirtschaft. Doch bereits einige Jahre später wurden auch andere Gaststätten in Dinkelsbühl beliefert. „Klein, aber fein!", das ist das Motto der Privatbrauerei, die in vierter Generation Bierspezialitäten herstellt: Helles, Dunkles, Hefeweizen, Dunkles Weizen, Pils und Biersorten, die nur in bestimmten Monaten erhältlich sind. Die Brauerei konzentriert sich auf das regionale Geschäft. Ihr Slogan: „International völlig unbekannt – national eher unbedeutend – regional unersetzlich!"

Brauerei: Brauerei Hauf
Ort: Dinkelsbühl
Biertyp: untergäriges Helles
Alkoholgehalt: 5 %
Stammwürze: ca. 12 %
Farbe: goldgelb
Besonderes: regionale Bierspezialität

Helios

Helle obergärige und hopfenbetonte Bierspezialität. Hausgebraute Hauptmarke der Braustelle, Kölns kleinster und innovativster Brauerei. Helios ist naturbelassen, vollmundig und gleichzeitig geschmacksintensiv. Da es nicht filtriert wird und somit nicht blank ist, wird es nicht Kölsch, sondern Wieß genannt: Zwar durchläuft es das gleiche Brauverfahren, es wird aber bereits vor einer abschließenden Filtrierung abgefüllt. Seinen Namen verdankt das süffige Bier dem gleichnamigen griechischen Sonnengott, der als Helios-Leuchtturm das Wahrzeichen des Kölner Stadtteils Ehrenfeld ist.

Weitere Biere der Braustelle sind u.a. Helios-Weizen, Ehrenfelder Alt, Pink Panther, Schwarze Sieben und Helios-Tripelbock. Im ständigen Wechsel werden außerdem weitere Spezialbiere und Spezialitäten der Craft-Beer-Serie Freigeist Bierkultur angeboten. Die Braustelle ist Veranstalter des einmal jährlich im Mai stattfindenden Festivals der Bierkulturen.

Brauerei: Helios-Braustelle
Ort: Köln
Biertyp: obergäriges Wieß (unfiltriertes Kölsch)
Alkoholgehalt: 4,8 %
Stammwürze: 11,8 %
Farbe: strohgelb
Besonderes: gebraut in Kölns kleinster Brauerei

BILDER-RAHMEN-KRIECHEL

Hell-Bräu Dult-Märzen

Das feinherbe Festbier der Altöttinger Hofdult – ein Dult-Märzen mit einem Geschmack, der einfach unverkennbar ist. Es wird gebraut nach bester Tradition, gepflegt gelagert und während der Hofdult aus Holzfässern gezapft und im Steinkrug ausgeschenkt.

Altöttinger Hell-Bräu kann auf eine über 120-jährige Braugeschichte zurückblicken. „Geschmack ist unsere Tradition", lautet das Motto des mittelständischen Familienunternehmens im Herzen Bayerns. Bereits in der fünften Generation werden in der Privatbrauerei nach überlieferten Rezepturen bayerische Bierspezialitäten hergestellt. Heute braut die Altöttinger Hell-Bräu acht Sorten – mit ausgewählten Rohstoffen unter strikter Einhaltung des bayerischen Reinheitsgebots von 1516: Bayrisch Dunkel, Dult-Märzen, Fein-Herb, Doppel-Bock, Pils, Weissbier und Weissbier Dunkel. Alle Biere werden, wie es bei Hell-Bräu schon immer der Brauch war, in der Bügelverschlussflasche angeboten.

Brauerei: Altöttinger Hell-Bräu
Ort: Altötting
Biertyp: untergäriges Märzen
Alkoholgehalt: 5,8 %
Stammwürze: 13,5 %
Farbe: goldgelb
Besonderes: traditionsreiches Festbier der Altöttinger Hofdult

Hellers Kölsch

„Bio op Kölsch. Ökologisch gebraut, jung, frisch – oder einfach nur: jot jemmat (gut gemacht)." Hellers Kölsch ist ein obergäriges, hochvergorenes, helles, blankes, hopfenbetontes Vollbier mit frischem, mildem Geschmack. Und der Ausdruck rheinischer Lebensart.

1991 eröffnete Hubert Heller die Brauerei mit Brauereiausschank. Seitdem stellt Heller das weltweit einzige Kölsch mit EU-weit geschützter Herkunftsbezeichnung (g.g.A.) her, dessen Rohstoffe aus kontrolliert ökologischem Anbau stammen. Alle in der Brauerei Heller gebrauten Biere sind mit dem EU-Bio-Siegel ausgezeichnet. „Bio bedeutet Qualität", so die Brauerei. Neben Kölsch produziert Heller Weizen, Pils, Maibock, Winterbock und Wieß. Letzteres durchläuft identische Brauprozesse wie das Kölsch, wird aber bereits vor der abschließenden Filtrierung entnommen und kommt deshalb nicht blank, sondern hefetrüb ins Glas – was ihm seinen typischen würzig-frischen Geschmack verleiht.

Brauerei: Brauerei Heller
Ort: Köln
Biertyp: obergäriges Kölsch
Alkoholgehalt: 4,5 %
Stammwürze: 11,7 %
Farbe: goldgelb
Besonderes: einziges Bio-Kölsch mit geschützter Herkunftsbezeichnung

Im Jahr 1888 wurde in der Kölner Roonstraße 33 der Grundstein für das Gebäude gelegt, das heute Sitz der **Brauerei Heller** und des Hellers Brauhaus ist. 1975 kaufte Hubert Heller den traditionsreichen Firmensitz.

Herforder Pils

Man nehme von allem das Beste. Die besten Rohstoffe: Hopfen und Malz, Hefe und Wasser. Die modernste Technologie. Und die kompetentesten Mitarbeiter." Mit diesem Rezept ist Herforder Pils zu einem der beliebtesten Biere Pilsener Brauart geworden. Goldgelb, glasklar, malzaromatisch mit leichter Hopfennote und angenehmer Spritzigkeit. Das Premium-Pils macht 90 Prozent der Gesamtbraumenge der Herforder Brauerei aus. Gebraut wird es seit 1878 in Hiddenhausen.

Damals gründeten zwei Brüder die „Gebrüder Uekermann, Brauerei zum Felsenkeller, Schweicheln bei Herford". Von Anbeginn gilt für das Familienunternehmen der Wahlspruch „Qualität geht vor Gewinn". Immer dem Reinheitsgebot verpflichtet, immer das Bier im Auge, Premiumqualität durch und durch. „Herrliches Herforder" ist westfälischer Genuss in elf verschiedenen Sorten: als Pils, Export oder Alkoholfrei, als saisonale Spezialität oder als Mix. „Für alle, die Bestes gewöhnt sind."

Brauerei: Herforder Brauerei
Ort: Hiddenhausen / Nordrhein-Westfalen
Biertyp: untergäriges Pils
Alkoholgehalt: 4,8 %
Stammwürze: 11 %
Farbe: goldgelb
Besonderes: eines der beliebtesten deutschen Biere Pilsener Brauart

Herrmannsdorfer Schweinsbräu Gold

Süffiges, naturtrübes Helles, gebraut aus Gerste und Hopfen in Bio-Qualität. „Man kann nur das beste Bier brauen, wenn man sein Bestes dafür gibt." Davon sind die Herrmannsdorfer Landwerkstätten überzeugt. „Und deshalb fängt bei uns das Reinheitsgebot schon auf dem Acker an: beim ökologischen Gersten- und Hopfenanbau. Ohne Pestizide versteht sich und ohne synthetisierte Düngemittel. Und beim Brauprozess wird nichts hinzugefügt und nichts durch Filtern weggenommen."

In der kleinen Hausbrauerei im oberbayerischen Glonn wird das Schweinsbräu Fassbier gebraut. Hier finden auch die beliebten Schweinsbräu-Brauseminare statt. Das Flaschenbier in den Sorten Schweinsbräu Gold, Dunkel und Weißbier wird im traditionsreichen Riedenburger Brauhaus hergestellt. Hinzu kommen noch saisonale Spezialitäten: Maibock, Erntedankbier und das vollmundige Schweinsbräu Weihnachtsbier. „Alle Schweinsbräu Biere sind ungefiltert, naturtrüb und einfach saugut – in der beliebten Schnacklflasche" (Bügelverschlussflasche).

Brauerei: Herrmannsdorfer Landwerkstätten, produziert von Riedenburger Brauhaus
Ort: Riedenburg / Kehlheim
Biertyp: untergäriges Helles
Alkoholgehalt: 4,8 %
Stammwürze: 11 %
Farbe: hellgelb, naturtrüb
Besonderes: regionale Bierspezialität

Bei Glonn im Landkreis München – hier der Steinsee – wird von den Hermannsdorfer Landwerkstätten das **Schweinsbräu Gold** hergestellt.

Hessisches Löwenbier Schorsch's Haustrunk

Urig – süffig – harmonisch. Würziges untergäriges Vollbier mit leicht karamellisierendem Geschmack. Angenehm spritzig im Antrunk, weiche, gut eingebundene Hopfenbittere des Tettnanger Aromahopfens. Malzorienterter Charakter. Das süffige Jungbier reift im klassisch-offenen Gärbottich sechs bis acht Wochen zu seiner abgerundeten Harmonie heran.

Seit über 350 Jahren wird in Malsfeld die handwerkliche, traditionelle Brau- und Bierkultur gepflegt. Hier ist die Heimat des Hessischen Löwenbiers. Das Motto der nordhessischen Familienbrauerei: regional Denken und Handeln. Naturbelassene Rohstoffe und das traditionelle Brauverfahren sind die Garantie für den unverwechselbaren, eigenständigen Charakter ihrer Bierspezialitäten. „Durch das Können und die Verantwortung des Brauers für jeden Sud entstehen Biere in höchster Qualität. Weit entfernt vom Massengeschmack vieler Einheitsbiere."

Brauerei: Hessisches Löwenbier
Ort: Malsfeld / Hessen
Biertyp: untergäriges Vollbier
Alkoholgehalt: 5,2 %
Stammwürze: 13,6 %
Farbe: leuchtend bronzefarben
Besonderes: Goldmedaille beim European Beer Star 2012

Hieronymus Pils

Naturtrübes Traditionsbier, gebraut nach Pilsner Brauart und einem Originalrezept aus dem Jahr 1896 aus Hopfen, edlem Malz und eigenem, reinem Quellwasser. Hieronymus ist unfiltriert und enthält deshalb alle wertvollen Vitamine und Inhaltsstoffe der gesamten Bierhefe.

1843 erhielt der Brauereigründer Georg Stöckle die Erlaubnis, Bier zu brauen und auszuschenken. Kein leichtes Unterfangen inmitten einer gesegneten Weingegend. Doch Geschmack und Qualität seines Biers setzten sich durch. Heute wie damals steht die mittelständische Regionalbrauerei für ein Stück Heimat. Hieronymus ist nicht nur eine bekannte regionale Bierspezialität, sondern auch der Name des Brauereiausschanks. Die gutbürgerliche Gaststätte ist mit Erinnerungsstücken aus der 170-jährigen Brauereigeschichte eingerichtet und gibt einen kleinen Einblick in die Profession des Bierbrauens. Wer intensiver in die Welt des Biers eintauchen will, kann die historischen Kellergewölbe und das Sudhaus der Schlossbrauerei Stöckle besichtigen.

Brauerei: Schlossbrauerei Stöckle Schmieheim
Ort: Kippenheim-Schmieheim / Baden-Württemberg
Biertyp: untergäriges Pils
Alkoholgehalt: 4,8 %
Stammwürze: 11,8 %
Farbe: goldgelb, naturtrüb
Besonderes: nach einem Originalrezept aus dem Jahr 1896

Aus Freude am Genuss und Wohlbefinden: Schon im Mittelalter brauten die Mönche Bier als Brotersatz, um die Fastenzeit zu überstehen.

Hirsch Premium Pils

Mild gehopftes Premium Pils, das eine zarte Bittere mit einem ganz feinen Malzaroma verbindet. Gebraut aus kristallklarem Brauwasser und bestem Tettnanger Aromahopfen.

„Bier braucht Heimat", davon ist die Hirsch-Brauerei Honer überzeugt, die seit ihrer Gründung in Familienbesitz ist. Zwischen Schwarzwald, Donau, Alb und Bodensee liegt Wurmlingen, die Heimat der Brauerei. Seit 1782 werden hier, im Süden des Schwabenlands, Bierspezialitäten gebraut, die mit der abwechslungsreichen Natur rund um die Brauerei herum viel gemeinsam haben: Die Biere sind ursprünglich, natürlich, rein und herausragend. Streng nach dem Reinheitsgebot und handwerklichen Grundsätzen werden sie nur mit erstklassigen Zutaten gebraut. Das breit gefächerte Sortiment umfasst neben klassischen Biersorten auch Spezialitäten wie beispielsweise Hirsch Zwickl & Zwuckl, ein naturtrübes untergäriges Zwickelbier mit feiner Hopfenbittere und zarten Malztönen.

Brauerei: Hirsch-Brauerei Honer
Ort: Wurmlingen / Baden-Württemberg
Biertyp: untergäriges Pils
Alkoholgehalt: 5 %
Stammwürze: ca. 11,5 %
Farbe: hellgelb
Besonderes: zahlreiche in- und ausländische Auszeichnungen

Hoepfner Pilsner

Der vollendete Unterschied. Das Pilsner der Region." Himmlisch herber Pilsgenuss aus Karlsruhe. „Keine Kompromisse" ist der Leitspruch der Privatbrauerei Hoepfner. Das fängt beim Rohstoffeinkauf an. „Wenn uns etwas nicht gut genug erscheint, dann machen wir es einfach selber und besser." So wie bei der weltweit einzigartigen Hoepfner Hefe, die in einem selbst entwickelten Verfahren gewonnen wird. Auch das kernige Gerstenmalz ist „Made in Hoepfner". Es stammt aus der eigenen Mälzerei und verleiht dem Pilsner, den schlanken Körper, der Genießerherzen höherschlagen lässt. Der feine Aromahopfen kommt aus Tettnang und der Hallertau und weist einen besonders hohen Anteil an edlen Bitterstoffen aus. Selbst das Brauwasser ist typisch für Karlsruhe, von Natur aus sehr mineralstoffreich. Besonderer Stolz der Brauerei: die offene Gärung – das extra schonende Heranreifenlassen des Biers in offenen Gärbottichen. Braukunst, die sich auszeichnet, wie zahlreiche Prämierungen zeigen.

Brauerei: Privatbrauerei Hoepfner
Ort: Karlsruhe
Biertyp: untergäriges Pils
Alkoholgehalt: 4,7 %
Stammwürze: 11,5 %
Farbe: hellgelb
Besonderes: 2013 zum siebten Mal in Folge „Goldener Preis" der DLG

Brauerei: Staatliches Hofbräuhaus München
Ort: München
Biertyp: untergäriges Münchner Hell
Alkoholgehalt: 5,1 %
Stammwürze: 11,3 %
Farbe: goldgelb
Besonderes: Münchner Braukunst seit 1589; exportiert in über 30 Länder weltweit

Hofbräu Original

Die Nummer Eins im Sortiment der Tradtionsbrauerei. Wie kein anderes Bier steht Hofbräu Original für die Brautradition der Biermetropole München. „Das leuchtend glänzende und goldgelbe Hofbräu Original hat eine schneeweiße Schaumkrone und ein feinwürziges Bukett. Sein Geschmack ist elegant, leicht malzig, vollmundig, ausgereift und mit einem subtil herben Ausklang. Ein Bier mit Charakter." So beschreibt das Staatliche Hofbräuhaus München, gegründet 1589, die Bierspezialität.

Herzogliches, Kurfürstliches, Königliches und Staatliches Hofbräuhaus – schon allein die Namen der wohl berühmtesten Braustätte der Welt zeigen, wie eng das Hofbräuhaus mit der Geschichte Bayerns verbunden ist. Hofbräu München ist heute ein Unternehmen des Freistaats Bayern und eine der nur noch zwei Münchner Brauereien, die in bayerischer Hand sind. Das Markenzeichen der mittelständischen Brauerei, das Buchstabenpaar des Hofbräuhauses HB mit Krone, ist weltweit ein Begriff.

Ein Wallfahrtsort für Biertrinker aus der ganzen Welt: Das **Hofbräuhaus** in der Münchner Altstadt zählt täglich bis zu 30.000 Besucher.

Brauerei: Hofmark Brauerei
Ort: Loifling / Oberpfalz
Biertyp: untergäriges helles Export
Alkoholgehalt: 5,4 %
Stammwürze: mindestens 12 %
Farbe: goldgelb
Besonderes: regionale Bierspezialität

Hofmark Export

Ein Genuss für Gaumen und Augen. „Das Export besticht durch seine satte goldgelbe Farbe und den ruhigen weißen Schaum", charakterisiert die Hofmark Brauerei ihre Bierspezialität. Ein sehr malziges Aroma mit leichten Noten ins bisquitartige prägen das Bier. „Auf der Zunge gibt es sich weich moussierend, bevor sich sein runder voller Körper voll entfaltet. Mit einer angenehmen leichten Hopfenbittere, die gut im Körper eingebunden ist, klingt das Bier aus und garantiert den vollkommenen Biergenuss."

In dritter Generation führt die Familie Cording die regional ausgerichtete Privatbrauerei mit einer Leidenschaft für Genussbiere. Die Geschichte der Braustätte in Loifling, fünf Kilometer südlich von Cham im Bayerischen Wald, reicht bis ins Jahr 1590 zurück. Die Hofmark Brauerei und ihre Brautradition haben sich über Jahrhunderte gehalten. Heute wird die ehemalige Braustätte als Wirtshaus, Brauereiausschank und Biergarten genutzt.

Holsten Pilsener

So muss ein Pils sein, davon ist die Holsten Brauerei überzeugt: „Herb, frisch und erfrischend im Geschmack durch erstklassige Zutaten. Hergestellt nach Hamburger Brautradition und dem deutschen Reinheitsgebot." Ein Bier mit Ecken und Kanten.

Die Marke Holsten steht für echten Charakter. „Sich selbst treu bleiben. Die Bodenhaftung nicht verlieren. Ein Holsten bleibt ein Holsten." Das Stammhaus der Holsten Brauerei wurde 1879 im Herzen Hamburgs gegründet. Bis heute ziert ihr Warenzeichen, der Holsten-Ritter, das Dach der Brauerei. Ende der 1950er-Jahre entwickelte sich Holsten, „der echte Biergenuss", zum beliebtesten Bier in Norddeutschland. Das aktuelle Sortiment: Holsten Pilsener, Export, Radler, Alkoholfrei, Extra Herb, Stark – mit 7 Prozent Alkohol und 16,2 Prozent Stammwürze der stärkste Charakter von Holsten – und Holsten Edel, die norddeutsche Heimatmarke. Seit mehr als 75 Jahren ist Holsten als fester Partner an der Seite des HSV-Fußball.

Brauerei: Holsten Brauerei
Ort: Hamburg
Biertyp: untergäriges Pils
Alkoholgehalt: 4,8 %
Stammwürze: 11,2 %
Farbe: hellgelb
Besonderes: beliebte Traditionsmarke in Norddeutschland

Holzfässer sind in Brauereien selten geworden, Fassmacher gibt es kaum mehr. Doch viele Biertrinker glauben, Bier aus einem Holzfass schmecke einfach besser.

Hövels Original

Die Dortmunder Bierspezialität ist seit 2009 das offizielle Bier der Sommelier-Union Deutschland e.V. Experten bescheinigen ihm „Aromen von Graubrot, Nüssen, gelben Äpfeln, Karamell, Butter und Honig. Nach einem feinherben Auftakt entfaltet sich eine Vielfalt aufeinander abgestimmter Malz- und Röstaromen."

Das Geheimnis der überlieferten Rezeptur von 1893 liegt im speziellen Mischungsverhältnis von vier verschiedenen Edelmalzen: helles und dunkles Gerstenmalz, Weizenmalz und Röstmalz. Hopfen gibt dem obergärigen Bitterbier seine feinherbe Note. Zum Abschluss lagert Hövels doppelt so lange wie andere Biere – Sorgfalt, die man schmeckt. Das vom Jugendstil inspirierte Design der exklusiven Bügelverschlussflasche ist unverwechselbar. Aus den dazu passenden handgeschliffenen Victoriabechern genießt man besonders stilvoll. Hövels Original wird immer noch in der Hövels Hausbrauerei, die inzwischen zur Radeberger Gruppe gehört, gebraut.

Brauerei: Hövels Hausbrauerei
Ort: Dortmund
Biertyp: obergärige Bierspezialität
Alkoholgehalt: 5,5 %
Stammwürze: 12,5 %
Farbe: rotgolden
Besonderes: gebraut aus vier Edelmalzen und bestem Hopfen

Huber Weisses Original

Ein Weißbier, wie es sein soll: mit feiner obergäriger Hefe, angenehm mildem Geschmack, bekömmlich durch wenig Kohlensäure.

Gebraut wird die Weißbierspezialität im Gräflichen Hofbrauhaus Freising, das bereits im Jahr 1160 unter Bischof Albert von Freising erwähnt wurde. Damals ließen die Freisinger Fürstbischöfe ihr Bier direkt auf dem Domplatz brauen; daher der Name „Hofbrauhaus". Nach der Säkularisation ging die Brauerei in Privathand über. 1911/12 wurde sie am heutigen Standort in der Stadtmitte von Freising neu errichtet. Zu dieser Zeit galt sie als die modernste Brauerei Deutschlands und diente weltweit als Vorbild für viele Brauereien. Seit Dezember 1998 ist das Hofbrauhaus Freising Eigentum der Bayerischen Graf zu Toerring-Jettenbach-Brauereien. Neben sechs obergärigen Weißbierspezialitäten stellt das Hofbrauhaus Freising noch sieben untergärige Biere her. Ergänzt wird das Sortiment durch die Marken Graf Ignaz und Karibik, alkoholfreie Erfrischungsgetränke für jeden Geschmack.

Brauerei: Gräfliches Hofbrauhaus Freising
Ort: Freising
Biertyp: obergäriges Weißbier / Weizenbier
Alkoholgehalt: 5,4 %
Stammwürze: 12,5 %
Farbe: hellgolden
Besonderes: Weißbier mit wenig Kohlensäure

Im Traditionslokal Knallhütte, dem Gasthaus der **Hütt-Brauerei**, erzählte einst Dorothea Viehmann den Brüdern Grimm einen beträchtlichen Teil ihrer „Kinder- und Hausmärchen".

Huppendorfer Vollbier

Ein dunkles, malzaromatisches Vollbier mit feiner Hopfennote – einfach typisch fränkisch. Es wird mit besten Rohstoffen handwerklich von der Brauerei Gasthof Grasser gebraut und ist seit vielen Jahren die Hauptsorte der Brauerei.

Gegenpol des Vollbiers ist das Huppendorfer Pils, ein prickelndes, malziges Pils mit feinporigem Schaum und herber Blume. Hefeweizen, Heller Kathrein-Bock, Josephibock, Zwickel, Weihnachtsbier, alkoholfreie Limonaden und Tafelwasser runden das Angebot ab. Seit über 500 Jahren wird im oberfränkischen Huppendorf gebraut. Eine Brautradition, die seit Generationen von der Familie Grasser fortgeführt wird. Heute wird das Huppendorfer Bier in zehn Gastwirtschaften und einigen Getränkemärkten im Umkreis von 50 Kilometern verkauft. Die eigene Gastwirtschaft der Brauerei bietet fränkische Hausmannskost und deftige Brotzeit.

Brauerei: Brauerei Gasthof Grasser
Ort: Königsfeld-Huppendorf / Oberfranken
Biertyp: dunkles Vollbier
Alkoholgehalt: 5 %
Stammwürze: 12,5 %
Farbe: goldgelb
Besonderes: regionale Bierspezialität

Hütt Naturtrüb

Unfiltriert, natürlich, spritzig – die untergärige Bierspezialität aus Nordhessen in der traditionellen Bügelverschlussflasche. „Wir sind von hier", das ist der Leitspruch der regionalen Hütt-Brauerei. Und deshalb passt das unfiltrierte Bier mit dem spritzig-kernigen Geschmack auch so gut zu typisch nordhessischen Spezialitäten wie Ahle Wurst, Weckewerk oder Schmand-Schnitzel.

Schon in der neunten Generation braut das Familienunternehmen unverwechselbare Biere. „Ausgezeichnete Rohstoffe von Landwirten, die ihre Leidenschaft für ihr Braugetreide und ihren Hopfen mit uns teilen, sind die Grundlage dafür." Die kleine, aber feine Biermarke legt großen Wert auf das Zusammenwirken von engagierten Mitarbeitern, besten Rohstoffen, modernster Technik, exzellenter Braukunst und Nachhaltigkeit. Regelmäßige Auszeichnungen durch die DLG und die positive Kundenresonanz beweisen, dass sich die Mühe lohnt.

Brauerei: Hütt-Brauerei
Ort: Baunatal bei Kassel
Biertyp: untergäriges Kellerbier
Alkoholgehalt: 4,9 %
Stammwürze: mindestens 11 %
Farbe: goldgelb, naturtrüb
Besonderes: mehrfach ausgezeichnete Regionalbrauerei

Innstadt Original-Hell

Das untergärige Vollbier, das schmeckt, wie es ist: Kraftvoll vollmundig und ehrlich. Seinen einzigartigen Geschmack verdankt es einer speziellen Rezeptur der Passauer Innstadt Brauerei. Sie verwendet ausschließlich echten Hopfen und sonnengereiftes, natürliches Malz und arbeitet nicht mit künstlichen Extrakten und Aromen. Das hochwertige und außerordentlich reine Wasser sorgt für höchste Qualität bei der Innstadt Spezialitätenbrauerei. In Ruhe gereift werden die Biere nach langer, kalter Lagerung schonend filtriert.

Moderne Braukunst mit 700 Jahren Brautradition: Die Geschichte der Innstadt Brauerei Passau geht bis in das Jahr 1318 zurück. In den Chroniken des St.-Johannes-Spitals wird das „Brauhaus am Graben enhalb der Innpruck" erstmals 1318 erwähnt, damit zählt die Brauerei zu den hundert ältesten deutschen Unternehmen. Heute gehört sie zu den führenden niederbayerischen Brauunternehmen.

Brauerei: Brauerei Hacklberg / Innstadt Bierspezialitäten
Ort: Passau
Biertyp: untergäriges Helles
Alkoholgehalt: 4,9 %
Stammwürze: k.A.
Farbe: hellgelb
Besonderes: regionale Brautradition seit 1318

Irseer Kloster-Urtrunk

Handwerklich gebrautes ursprüngliches Klosterbier nach bester Tradition, mildwürzig urbelassen und von natürlicher Haltbarkeit.

Bereits im früher Mittelalter wurde in Irsee bei Kaufbeuren im Allgäu die Braukunst von Mönchen gepflegt. Freude am Genuss und Wohlbefinden prägten den Geschmack ihrer Biere. Die Klosterbrauerei Irsee in ihrer Chronik: „Die natürlichen örtlichen Gegebenheiten, das Zusammenspiel von Hopfen und Malz, verbunden mit der Klosterbrauregel ‚lang und kühl', beachteten sie genau. Im kalten Gewölbekeller erhielten die Kräfte der Natur Zeit zur Reifung und zum Ausbau des mildwürzigen Biergenusses. Erst dann wurde urbelassen (unfiltriert) abgefüllt." Nach diesem jahrhundertealten klösterlichen Brauch wird auch heute noch in Irsee der Kloster-Urtrunk gebraut. Die Braumenge wird wie früher von der traditionellen Brauweise und den natürlichen Gegebenheiten vor Ort bestimmt.

Brauerei: Klosterbrauerei Irsee
Ort: Irsee / Allgäu
Biertyp: untergäriges Export
Alkoholgehalt: 5,6 %
Stammwürze: ca. 12 %
Farbe: hellgelb, naturtrüb
Besonderes: naturbelassene Bierspezialität

Brauerei: Privatbrauerei Iserlohn
Ort: Iserlohn
Biertyp: untergäriges Pils
Alkoholgehalt: 4,8 %
Stammwürze: ca. 12 %
Farbe: goldgelb
Besonderes: regionale Bierspezialität

Iserlohner Pilsener

Feinwürziges, leicht herbes und sehr süffiges Pils aus dem Grünen Tal, gebraut mit Sauerländer Bergquellwasser. Traditionelle Bierspezialität aus der Bier-Hochburg Südwestfalens und das Hauptprodukt der Privatbrauerei Iserlohn.

Die Brauerei wurde 1899 von 27 Iserlohner Bürgern gegründet. Zwei Jahre später konnte das erste Bier ausgestoßen werden. Seit dieser Zeit wird im Herzen des Märkischen Sauerlands Bier von höchster Qualität gebraut. 1998 wird als Ergänzung zum beliebten Iserlohner Pilsener ein Winterbier eingeführt: Dunkel, aromatisch und süffig ist es die Bierspezialität für die kalte Jahreszeit. Die alteingesessene regionale Brauerei hat 2011 die Lieferrechte für Fassbier an Krombacher verkauft und konzentriert sich seither darauf, ihre Bierspezialitäten Iserlohner Pilsener und Iserlohner Winterbier als regionale Spitzenprodukte auf dem lokalen Markt zu platzieren.

Die traditionsreiche **Klosterkirche Irsee** ist Teil der barocken Klosteranlage des ehemaligen Reichsstifts Irsee. Heute beherbergt das einstige Benediktinerkloster das Schwäbische Tagungs- und Bildungszentrum Kloster Irsee.

Isnyer Hopfen Perle

Perle für Perle ein edler Genuss. Die Isyner Hopfen Perle ist ein kräftiges untergäriges Pilsener, malzaromatisch, hopfenbetont und würzig. Gebraut wird es von der Brauerei Stolz in Isny.

Die Brauerei Stolz ist die einzige von ehemals 14 Braustätten in der historischen Allgäustadt, die heute noch besteht. Seit über 90 Jahren ist die Brauerei, deren Ursprünge auf das 18. Jahrhundert zurückgehen, in Familienbesitz. 1919 übernahm der Firmengründer Johann Stolz die damalige Ochsenbrauerei in Isny. Schon bald begann er mit der Herstellung von Weizenbieren. Vor allem das filtrierte kristallklare Champagnerweizen (heutige Bezeichnung: Kristallweizen) fand schnell großen Anklang. Bis heute werden alle Biere handwerklich nach alter Brauertradition gebraut. Die Rohstoffe stammen aus der Region, das Braugetreide aus kontrolliertem Anbau. Eine konventionelle Gärung und die lange Lagerung verleihen dem Bier Reife und Qualität. Auf konservierende Maßnahmen wird konsquent verzichtet.

Brauerei: Brauerei Stolz
Ort: Isny / Allgäu
Biertyp: untergäriges Pils
Alkoholgehalt: 4,8 %
Stammwürze: ca. 12 %
Farbe: goldgelb
Besonderes: regionale Bierspezialität

Jägerbier

Traditionelles helles Exportbier mit kraftvoller Würze und malzigem Aroma, gebraut nach dem bayerischen Reinheitsgebot.

Brauerei: Gräfliches Hofbrauhaus Freising
Ort: Freising
Biertyp: untergäriges Export
Alkoholgehalt: 5,3 %
Stammwürze: 12,4 %
Farbe: goldgelb
Besonderes: malziger Geschmack

Gebraut wird die vollmundige untergärige Bierspezialität im Gräflichen Hofbrauhaus Freising, das bereits im Jahr 1160 unter Bischof Albert von Freising erwähnt wurde. Damals ließen die Freisinger Fürstbischöfe ihr Bier direkt auf dem Domplatz brauen; daher der Name „Hofbrauhaus". Nach der Säkularisation ging die Brauerei in Privathand über. 1911/12 wurde sie am heutigen Standort in der Stadtmitte von Freising neu errichtet. Zu dieser Zeit galt sie als die modernste Brauerei Deutschlands und diente weltweit als Vorbild für viele Brauereien. Seit Dezember 1998 ist das Hofbrauhaus Freising Eigentum der Bayerischen Graf zu Toerring-Jettenbach-Brauereien. Neben sechs obergärigen Weißbierspezialitäten stellt das Hofbrauhaus Freising noch sieben untergärige Biere her. Ergänzt wird das Sortiment durch die Marken Graf Ignaz und Karibik, alkoholfreie Erfrischungsgetränke für jeden Geschmack.

Das **Friesische Brauhaus zu Jever** blickt auf über 160 Jahre Brautradition zurück. Einen Eindruck davon, wie in der guten alten Zeit Bier gebraut wurde, gewinnen die Besucher beim Rundgang durch das historische Brauereimuseum.

Jever Pilsener

„Wie das Land, so das Jever. Friesisch-herb." Das Wasser, die Luft, das Licht und nicht zuletzt das raue Klima haben die friesische Landschaft und das Jever Pilsener geprägt. Das Geheimnis seines einzigartigen Geschmacks liegt im Brauwasser, das auch heute noch wie vor über 100 Jahren aus demselben Brunnen gewonnen wird. Es ist rein und weich und erlaubt dem Braumeister, eine Spur mehr Hopfen zuzusetzen. So entsteht der typische Charakter, der ein Jever – auch als spritzig-frisches Jever Lime, als alkoholfreies Jever Fun und als Jever Light – von anderen Bieren unterscheidet.

1848 als kleine Privatbrauerei in Jever gegründet, ist das Friesische Brauhaus zu Jever heute eine der bedeutendsten und bekanntesten Brauereien in Deutschland. Traditionsreiche Braukunst, modernste Technik und höchste Qualität, dafür stehen die Jever-Biere. Heute gehört Jever zu den Top Ten der deutschen Premium-Pilsener.

Brauerei: Friesisches Brauhaus zu Jever
Ort: Jever / Ostfriesland
Biertyp: untergäriges Pilsener
Alkoholgehalt: 4,9 %
Stammwürze: 11,1–11,5 %
Farbe: goldgelb
Besonderes: gehört zu den Top Ten der deutschen Premium-Pilsener

Karlsberg UrPils

Frisch, würzig, herb. Die Bierspezialität für das Saarland und Rheinland-Pfalz. Der Geschmack von Karlsberg UrPils ist einzigartig und beliebt – auf Festen, Veranstaltungen und in der Karlsberg Gastronomie. Laut Brauerei „Das Pils für echte Männer". Seit über 40 Jahren gelingt den Braumeistern die feine Balance zwischen einer kräftigen, aber harmonischen Herbe und einem frischen Aroma. Die leicht blumig-fruchtige Note macht das Premium-Pils zum wahren Genuss für echte Pilskenner. Gebraut mit dem guten Maß an Magnum-Hopfen und besten, reinen und qualitativ hochwertigen Zutaten. Seinen einzigartigen Charakter verdankt Karlsberg UrPils dem besonders weichen, durch Buntsandstein gefilterten Brauwasser, das die saar-pfälzische Brauerei aus großer Tiefe unter dem Homburger Schlossberg gewinnt.

„Bier-Gefühl ist Wir-Gefühl" lautet der Slogan der 1878 gegründeten Karlsberg Brauerei, die für Tradition und Innovation steht: Das Sortiment präsentiert Bier-Vielfalt für jeden Geschmack.

Brauerei: Karlsberg Brauerei
Ort: Homburg / Saarland
Biertyp: untergäriges Pils
Alkoholgehalt: ca. 5,3 %
Stammwürze: ca. 12,6 %
Farbe: goldgelb
Besonderes: „Goldener Preis 2013" der DLG

Kasseler Jubiläumspils

Das Geburtstagsbier der Stadt Kassel; vollmundig, erfrischend, mit nicht zu kräftiger Bitternote. Es wurde von der Martini Brauerei zum 1100-jährigen Stadtjubiläum 2013 entwickelt: Durch Zugabe der Hopfensorte Herkules wurde die bestehende Rezeptur weiter verfeinert, und so wurde aus dem Kasseler Premium Pils das Kasseler Jubiläumspils, gebraut im Zeichen der Martinskirche.

Die Martini Brauerei, Kassels einzige Brauerei, wurde 1859 gegründet und zählt heute zu den größeren Regionalmarken in Nordhessen. Ihre Geschichte beginnt mit der Bayerischen Bierhalle, in der Adolf Kropf, ein Brauer aus dem Berchtesgadener Land, das erste Martini Bräu ausschenkte: ein untergäriges Bier, nach bayerischer Art von dunkler Farbe und mit starker Stammwürze eingebraut. Es fand begeisterten Anklang. Im Jahr 2000 wurde Kasseler Premium Pils eingeführt. Martini Edel Pils, Martini Meister-Pilsener und Martini Winterbier komplettieren heute das Biersortiment. Die moderne Regionalbrauerei ist inzwischen eine Marke der Einbecker Brauhaus AG.

Brauerei: Martini Brauerei
Ort: Kassel
Biertyp: untergäriges Pils
Alkoholgehalt: ca. 4,9 %
Stammwürze: ca. 11,4 %
Farbe: goldgelb
Besonderes: Bierspezialität der Region Nordhessen

Brauerei: Kauzen-Bräu
Ort: Ochsenfurt / Unterfranken
Biertyp: untergäriges Braunbier
Alkoholgehalt: ca. 5,1 %
Stammwürze: mindestens 11 %
Farbe: kupferbraun
Besonderes: zahlreiche Auszeichnungen, u. a. DLG- „Preis der Besten" in Gold

Kauzen Alt Fränkisch

Herzhafte fränkische Bierspezialität. Fein-süffig, malzbetont mit leichter Süße und Karamelltönen, dunkel und nach altem Rezept gebraut von der Ochsenfurter Kauzen-Bräu.

Die Bierregion Franken charakterisiert eine jahrhundertealte, äußerst lebendige und vielseitige Brautradition. Außergewöhnlich viele kleine Privat- und Hausbrauereien prägen mit ihren unverwechselbaren individuellen Bierspezialitäten die Gegend mit der weltweit höchsten Brauereidichte. Kauzen-Bräu ist seit der Gründung 1809 in Privatbesitz und zählt heute zu den modernsten mittelständischen Brauereien in Bayern. Ihr Leitspruch lautet: „Aus Tradition und Fleiß zu bester Bierqualität." Die Brauerei wurde mehrfach ausgezeichnet. Sie ist Gründungsmitglied des Bayerischen Brauerbundes und engagiert sich im Verbund Die Freien Brauer. Diese Gemeinschaft führender, unabhängiger Familienbrauereien steht ein für die Bewahrung der traditionellen Braukunst und die reiche Vielfalt regionaler Bierspezialitäten.

Aus Lohr am Main – hier der Marktplatz mit der Kirche St. Michael im Hintergrund – kommt das **Keiler Weißbier**, eine unterfränkische Weißbierspezialität.

Keiler Weißbier Hell

Urige, zünftig-naturtrübe Weißbierspezialität, gebraut nach überlieferter Brautradition aus dem Spessart. Das „saugute" Keiler Weißbier Hell ist der helle Biergenuss, spritzig und frisch, darüber hinaus gibt es das Keiler Weißbier Dunkel aus aromatisch dunklem Malz.

Das Bier ist „Nur echt mit dem Keiler" – der Wildschweinkopf mit Bierglas und Eichenlaub ist seit einigen Jahren das Logo der Brauerei Keiler Bier. Das kultige Keiler-Emblem unterstreicht die handwerkliche Braukunst dieser ganz besonderen Bierspezialität. 2012 wurde das neue Keiler Brauhaus am historischen Standort der alten Lohrer Brauerei eröffnet. Mit Liebe zum Brauhandwerk, hochwertigen Rohstoffen und dem Einsatz modernster Brautechnik werden im Keiler Brauhaus regionale Bierspezialitäten hergestellt, u. a. Keiler Kellerbier – urtypisch, bernsteinfarben naturtrüb –, Keiler Urtyp, ein nach überliefertem Familienrezept gebrautes Jubiläumsbier, und saisonale Bierspezialitäten wie das Keiler Bockbier für die kältere Jahreszeit.

Brauerei: Keiler Bier
Ort: Lohr am Main
Biertyp: obergäriges Weißbier / Weizenbier
Alkoholgehalt: 5,2 %
Stammwürze: 12,3 %
Farbe: goldgelb, naturtrüb
Besonderes: regionale Bierspezialität

Ketterer Gold Export

Der vollmundige und rezente Klassiker, der bis heute bei den Menschen in und um Pforzheim höchstes Ansehen genießt. Der Einsatz hochwertiger Malze aus der Region und die Gärung in offenen Bottichen verleihen dem untergärigen Exportbier seine hohe Bekömmlichkeit. Mit diesem Bier startete die Brauerei Kettterer ihre Erfolgsgeschichte.

1888 kaufte Wilhelm Sebastian Ketterer eine kleine Bierbrauerei in der Sedan-Vorstadt am Weiherberg, die er kontinuierlich erweiterte. Doch nicht nur das Bierbrauen war ihm eine Herzensangelegenheit, sondern auch das Bauen und künstlerische Gestalten von Brauereigaststätten. In kurzer Zeit erstellte er in Pforzheim drei größere Gaststätten. Über vier Generationen setzte die Privatbrauerei Ketterer bis heute konsequent ihre Qualitätsstrategie fort. So errang sie 1976 mit Ketterer-Gold-Export den ersten großen Preis bei der neu eingeführten Qualitätsprüfung für Bier der Deutschen Landwirtschaftsgesellschaft (DLG), dem noch viele Auszeichnungen folgen..

Brauerei: Privatbrauerei Wilhelm Ketterer
Ort: Pforzheim
Biertyp: untergäriges helles Export
Alkoholgehalt: 5,3 %
Stammwürze: 12,4 %
Farbe: goldgelb
Besonderes: „Silberner Preis 2009“ der DLG

Hopfenernte in der Hallertau, dem größten zusammenhängenden Hopfenanbaugebiet der Welt, das rund ein Viertel des weltweiten Hopfenbedarfs liefert.

Klier Zwickel hell

Der ursprüngliche Genuss. Obergärig, naturbelassen, im Geschmack leicht und weich mit abgerundeter Hopfenbittere.

Klier-Bier ist anders. Bei den Bierspezialitäten der Allgäuer Biermanufaktur, der südlichsten Hausbrauerei Deutschlands, handelt es sich ausschließlich um „handgebraute" naturbelassene Biere. „Eine schonende Weiterverarbeitung der Maische bis hin zur Anstellwürze erlauben uns, maximal zwei Sude täglich einzubrauen", so die Biermanufaktur. „Auf diese Weise ist die Bierwürze in ihrer Zusammensetzung optimal auf die anschließende Vergärung vorbereitet." Alle Klier-Biere werden obergärig vergoren, die frische Reinzuchthefe wird nur einmal geführt. Dadurch erhalten die Biere feine, ausgewogene, fruchtige Noten. Zwei der fünf Bierspezialitäten werden mit sieben verschiedenen Malz- und Spezialmalzsorten eingebraut. Eine Lagerzeit von über vier Wochen garantiert den Abbau von unerwünschten Gärungsnebenprodukten. „Naturbelassen, unfiltriert und in Ruhe gereift – das schmeckt man einfach."

Brauerei: Klier Bier – Biermanufaktur Ettensberg
Ort: Blaichach-Ettensberg / Allgäu
Biertyp: obergärige Bierspezialität
Alkoholgehalt: 5 %
Stammwürze: 11,8 %
Farbe: hellgelb, naturtrüb
Besonderes: naturbelassen, unfiltriert, in Ruhe gereift

Kloster-Sud

Feinwürziges, vollmundiges Spezialbier mit süßen und herben Malznoten und schönen Fruchtnoten. Seinen einzigartigen Geschmack verdankt es besten Rohstoffen und einem aufwendigen Brauverfahren. Ein malzbetontes Meisterstück der fränkischen Braukunst, gebraut nach alter Klostertradition.

Die Klosterbrauerei Weissenohe zählt zu den ältesten in Deutschland und ist wahrscheinlich auch die älteste Brauerei Frankens. Gegründet um das Jahr 1050, wurde das Kloster samt Brauerei nach der Säkularisation zunächst an einen Geschäftsmann, 1827 dann an den Braumeister Friedrich Kraus verkauft. Der führte fortan die „fränkische Dreifaltigkeit" aus Brauerei, Gastwirtschaft und Landwirtschaft. Bis heute ist die Brauerei in Familienbesitz. Zu den Bierspezialitäten der Klosterbrauerei Weissenohe gehören u. a. Altfränkisch Klosterbier, Benediktiner und Weissenoher Pils, Bonifatius Dunkel, Bonator Doppelbock, Eucharius Märzen, Barrique Klosterbier und das nach Bioland-Richtlinien gebraute Classic Export.

Brauerei: Klosterbrauerei Weissenohe
Ort: Weißenohe / Oberfranken
Biertyp: untergärige Bierspezialität
Alkoholgehalt: 5,4 %
Stammwürze: 13,2 %
Farbe: goldgelb
Besonderes: gebraut mit brauereieigenem Hangquellwasser

Der **Kneitinger** am Arnulfsplatz genießt Kultstatus unter den Traditions-Braugaststätten von Regensburg. Die Gastwirtschaft wurde Ende des 19. Jahrhunderts von Johann Kneitinger II. eröffnet.

Kloster Urstoff

Vollmundiges dunkles Spezial-Märzen mit Karamell- und Röstnoten. Gebraut von Rother Bräu nach einer alten Rezeptur der Klosterbrauerei Münnerstadt.

Gegründet 1788, ist Rother Bräu seit 1872 im Besitz der jetzigen Inhaberfamilie. Als fünfte Generation führen heute Xaver und Tobias Weydringer die Familienbrauerei im Biosphärenreservat Rhön. Ihre Firmenphilosophie: „Ein Bier muss schmecken. Und es sollte den eigenständigen Charakter seiner Herkunft, die geschmacklichen Vorlieben der Menschen seiner Heimat widerspiegeln.“ Die Privatbrauerei steht mit ihrem guten Namen ein für bestmögliche Qualität. Das beginnt bereits bei der Auswahl der Rohstoffe aus der Region, die höchste Ansprüche erfüllen müssen in Bezug auf Reinheit, Gesundheit und Braueigenschaften für schonendes Brauen. Das besonders nitritarme Brauwasser stammt aus dem tiefen Urgestein der Rhön. Seit 1989 stellt Rother Bräu auch eine Reihe von Öko-Bieren mit Bio-Siegel her.

Brauerei: Rother Bräu, Bayerische Exportbierbrauerei
Ort: Roth vor der Rhön
Biertyp: untergäriges Vollbier / Märzen
Alkoholgehalt: 5,4 %
Stammwürze: 13 %
Farbe: kupferbraun
Besonderes: regionale Bierspezialität mit Tradition

Kneitinger Edel-Pils

Feinperliges, licht-gelbes Pils mit angenehm hopfenbetonter Note, ideal abgerundet. Trotz der hohen Stammwürze schlank im Trunk, sehr feine Rezenz, lang anhaltender Schaum. Ein Spitzenbier der Regensburger Brauerei Kneitinger.

Die regionale Brauerei hat zwei Gründungsdaten: 1530 wurde die Braustätte gegründet, im Jahr 1861 erfolgte die Übernahme der Brauerei durch die Familie Kneitinger. Der Familienbrauerei gelang es trotz schwieriger Zeiten, unter den vielen Regensburger Brauereien nicht nur zu überleben, sondern auch als Nischenbrauerei einen gewissen Kultstatus zu erlangen. Grundlage ihres wirtschaftlichen Erfolgs war und ist die Qualität ihrer Biere – wobei der Kneitinger Bock bis heute einen besonderen Bekanntheitsgrad genießt. Obwohl inzwischen die meisten Brauereien ein breites Biersortiment anbieten, hält die traditionsbewusste Privatbrauerei bis heute an ihren drei klassischen Biersorten fest: Kneitinger Edel-Pils, Kneitinger Dunkel und Kneitinger Bock.

Brauerei: Brauerei Kneitinger
Ort: Regensburg
Biertyp: untergäriges Pils
Alkoholgehalt: 5,5 %
Stammwürze: 12,8 %
Farbe: licht-gelb
Besonderes: feinherbes Spitzenbier

König Pilsener

„Heute ein König" verspricht der Werbeslogan der König-Brauerei. Das Pilsener aus Duisburg, auch liebevoll KöPi genannt, hat in der Rhein-Ruhr-Region seit 1858 Tradition. Mineralhaltiges Wasser aus dem Naturpark Hohe Mark, beste Braugerste aus kontrolliertem Anbau und aromatische Hopfendolden sind bis heute die Zutaten für das König Pilsener. Das geheime Braurezept kennen nur wenige Eingeweihte – und die Computer der hochmodernen Brauanlage. Sie sorgt für gleichbleibende Qualität und hilft auch dabei, Wasser und Energie zu sparen.

Konsequent investiert die König-Brauerei, die zur Bitburger Braugruppe gehört, in den technischen Ausbau ihrer Produktionsanlagen. Dabei hat Qualität Vorrang. Die Brauerei fokussiert sich bewusst auf drei Produkte: König Pilsener, König Pilsener Alkoholfrei und König Pilsener Radler.

Brauerei: König-Brauerei
Ort: Duisburg
Biertyp: untergäriges Pils
Alkoholgehalt: 4,9 %
Stammwürze: 11,3 %
Farbe: kristallklares Goldgelb
Besonderes: charakteristischer Geschmack

Königsbacher Pilsener

Klassisches Pils, das durch seinen charakteristischen spritzig-aromatischen Geschmack besticht. Seine besondere Note erhält es durch die Verfeinerung mit Saazer Edel-Hopfen, einem der wertvollsten und teuersten Hopfen weltweit. Er verleiht dem Königsbacher Pilsener auch seine besonders dichte, schöne Schaumkrone.

Königsbacher Pilsener ist ein Bier mit Tradition: Seit 1689 wird im Alten Brauhaus in Koblenz edles Bier gebraut. Im Jahr 1900 wurde die Braustätte zur Königsbacher Brauerei AG. Seit Januar 2010 liegen die Marken- und Vertriebsrechte bei der Bitburger Braugruppe, gebraut wird noch immer in Koblenz. Königsbacher setzt auf Qualität vom Halm bis ins Glas: von der Auswahl hochwertiger und unbelasteter Rohstoffe bis zum Einsatz modernster Fertigungsmethoden. Auch das Bekenntnis zu einer umweltbewussten Produktion hat bei Königsbacher Tradition. Weitere Sorten der Marke Königsbacher sind Köngisbacher Export und Königsbacher Radler.

Brauerei: Koblenzer Brauerei
Ort: Koblenz
Biertyp: untergäriges Pils
Alkoholgehalt: 4,8 %
Stammwürze: 11,4 %
Farbe: goldgelb
Besonderes: regionale Bierspezialität mit Tradition

Königsbräu Weißbier

Naturtrübes, spritzig-frisches Weißbier, handwerklich gebraut von der Traditionsbrauerei Königsbräu Majer in Heidenheim-Oggenhausen. Die feine obergärige Hefe aus der brauereieigenen Reinzuchtanlage und die lange Reifezeit, die wie bei allen Königsbräu-Bieren sechs bis acht Wochen beträgt, verleihen ihm sein feines Aroma. Stolz verweisen die Braumeister auf die Besonderheit der Oggenhausener Braukunst: die offene Gärung in großen Bottichen sowie die Nachgärung und Lagerung der Biere in Reifetanks.

Gebraut wird in Oggenhausen bereits seit 1686, als das Haus Württemberg im so genannten Oberen Schloss eine Schlossbrauerei errichten ließ. 1827 überschrieb König Wilhelm I. von Württemberg die Brauerei Königsbräu an die Familie Majer, in deren Besitz sie sich noch heute befindet. Das stilisierte Portrait seiner Majestät, die dem Biergenießer zuprostet, ist bis heute Bestandteil des Firmenlogos. Königsbräu ist die einzige noch bestehende Brauerei im Stadtgebiet von Heidenheim.

Brauerei: Königsbräu Majer
Ort: Heidenheim-Oggenhausen / Baden-Württemberg
Biertyp: obergäriges Hefeweizen / Weißbier
Alkoholgehalt: 5,4 %
Stammwürze: ca. 12,9 %
Farbe: helles Goldbraun
Besonderes: mehrfach von der DLG ausgezeichnet

Köstritzer Schwarzbier

Es ist der besondere Charakter von Köstritzer, der es zum erfolgreichsten Schwarzbier Deutschlands gemacht hat. Das Bier überzeugt mit seiner leichten Spritzigkeit und seinem unverwechselbaren feinen Malzaroma, gepaart mit einer milden Hopfenbittere. Speziell veredelte Gerstenmalze und das über Jahrhunderte verfeinerte Brauverfahren verleihen dem Köstritzer Schwarzbier seinen unvergleichichen Geschmack.

Nach der Wiedervereinigung wurde die Brauerei in die heutige Bitburger Braugruppe integriert. Inzwischen ist das Thüringer Schwarzbier in vielen Bundesländern Marktführer im Segment der untergärigen dunklen Biere. Das kommt auch anderen Produkten der Brauerei zugute. Unter den hellen Bieren runden Köstritzer Edel Pils, Köstritzer Spezial Pils und das Köstritzer Edel Pils Radler das Portfolio der Brauerei ab.

Brauerei: Köstritzer Schwarzbierbrauerei
Ort: Bad Köstritz
Biertyp: untergäriges Vollbier
Alkoholgehalt: 4,8 %
Stammwürze: 11,4 %
Farbe: dunkle kristallklare Bernsteinfarbe mit rötlichem Schimmer
Besonderes: Deutschlands erfolgreichstes Schwarzbier

Ein Blick in das Sudhaus der **Brauerei Königsbräu Majer**. Früher wurden die Sudpfannen komplett aus Kupfer gefertigt, heute sind sie meist aus Edelstahl und mit einer Kupferhaube ummantelt.

In der ehemaligen Kastenmälzerei eröffnete die **Brauerei Krieger** 1997 ein Brauereimuseum. Das Herz der Brauerei, die Sudpfanne mit einem Fassungsvermögen von 68 Hektolitern, war bis 1978 im Einsatz.

Krieger Hell

Preisgekröntes vollmundiges Helles aus Niederbayern, hergestellt in der Familienbrauerei Krieger in Landau. Dort werden die Biere noch mit Doldenhopfen im klassischen Sudverfahren in Kupfersudpfannen gebraut. Die traditionell handwerkliche Brauweise mit offener Gärung ist neben den hochwertigen Rohstoffen die Grundlage für die hohe Qualität der Krieger-Biere. Die Braumeister geben dem Bier noch ausreichend Zeit zur Ausreifung seines Geschmacks. „Da bei uns das Bier nicht kurzerhitzt oder scharf filtriert wird, ist ein natürlicher Geschmack garantiert. Hier kann man schmecken, dass Bier ein Frischeprodukt ist."

1913 kauften Wilhelm und Anna Krieger die Brauerei, die bereits 1622 urkundlich erwähnt wurde. 2013, pünktlich zum 100-jährigen Bestehen, wurde das Krieger Hell zum zehnten Mal mit der DLG-Prämierung „Goldener Preis" ausgezeichnet. Weitere Bierspezialitäten sind Krieger Weißbier, Krieger Zwickl und das Saisonbier Floriani-Bock, ein dunkler Doppelbock.

Brauerei: Brauerei Wilhelm Krieger
Ort: Landau / Isar
Biertyp: untergäriges Helles
Alkoholgehalt: 4,8 %
Stammwürze: ca. 12 %
Farbe: goldgelb
Besonderes: zahlreiche Auszeichnungen, u. a. „Goldener Preis 2013" der DLG

Krombacher Pils

Natürlich-frischer Pils-Genuss, feines, würziges Aroma. Krombacher. Gebraut mit Felsquellwasser, hochwertiger Sommergerste, feinstem Siegel-Hopfen aus der Hallertau und gärkräftiger Hefe aus der brauereieigenen Hefe-Reinzucht.

Aufbauend auf der langen Tradition als Bierbrauer und der steten Besinnung auf die Werte Kontinuität und Beständigkeit, ist Krombacher heute eine der modernsten Brauereien Europas. Krombacher-Biere sind Naturprodukte, hergestellt nach dem deutschen Reinheitsgebot, das zu höchster Qualtität, Reinheit und Frische verpflichtet. „Gentechnisch modifizierte Rohstoffe, Geschmacksverstärker, Aromen, die heute vielfach in der Lebensmittelbranche Verwendung finden, sind absolut verpönt", erklärt die Brauerei. Ihr Sortiment umfasst neben fünf Bierspezialitäten auch vier alkoholfreie Biersorten. Ein neuer Klassiker im Angebot ist Krombacher's Fassbrause, das alkoholfreie Erfrischungsgetränk auf Basis eines Malzextrakts, verfeinert mit natürlichen Fruchtzutaten.

Brauerei: Krombacher Brauerei
Ort: Kreuztal
Biertyp: untergäriges Pils
Alkoholgehalt: 4,8 %
Stammwürze: 11,21 %
Farbe: goldgelb
Besonderes: eines der besten Biere nach Pilsener Brauart

Kulmbacher Edelherb

Das legendäre Pils aus der heimlichen Hauptstadt des Bieres." Kulmbacher Edelherb mit dem unverwechselbaren reinen Geschmack ist das meistgetrunkene Pils in Nordbayern. Die Braumeister der Kulmbacher Brauerei pflegen die alten Rezepturen und legen größte Sorgfalt auf die Auswahl der Rohstoffe. Nur edle Braugerste von heimischen Ackerböden, handverlesener Aromahopfen und kristallklares Quellwasser werden zum Brauen verwendet. Bierqualität mit Tradition – vom Gründungsjahr 1846 an bis heute.

Das Bier der Anfangsjahre war zum größten Teil nur für den Export bestimmt und wurde vor allem außerhalb Bayerns verkauft. Anfang der 1930er-Jahre gelang dem Brauer Hans Rausch mit dem Rezept des Edelherb ein wirklich großer Wurf. Das Pils fand auch vor der eigenen Haustür schnell seine Anhänger. Es ist nicht die einzige Bierspezialität der Brauerei: Passend für jeden Biergeschmack stellt Kulmbacher ein vielfältiges Sortiment zur Auswahl.

Brauerei: Kulmbacher Brauerei
Ort: Kulmbach
Biertyp: untergäriges Pils
Alkoholgehalt: 4,9 %
Stammwürze: 11,3 %
Farbe: goldgelb
Besonderes: zahlreiche DLG-Goldmedaillen in Folge, zuletzt „Goldener Preis 2013"

Küppers Kölsch

Dieses Kölsch kam ursprünglich aus Wuppertal-Elberfeld. Dort wurde es 1962 auf den Markt gebracht – und zwar ausschließlich in Flaschen. Zunächst als Lohnsud einer Kölner Brauerei, doch zwei Jahre später begann die Wicküler-Brauerei, das Kölsch in Wuppertal selbst zu brauen. Dagegen protestierten die Kölner Konkurrenzbrauer erfolgreich. Ab 1965 wurde Küppers Kölsch in der Alteburger Straße gebraut und entwickelte sich schnell zum Marktführer. Zeitgleich begann der Siegeszug des Kölsch. Noch 1960 waren 65 Prozent der Kölner Biere untergärig, seit 1980 hat das obergärige Kölsch einen konstanten Marktanteil in Köln und Umgebung von rund 90 Prozent.

Küppers Kölsch besticht mit seinem attraktiven Erscheinungsbild: hellgelb, klar mit feinem Schaum. Ein süffiges Kölsch mit sanft-herbem, leicht malzigem Unterton. Küppers Kölsch ist ein Bier aus dem Haus Kölscher Brautradition, der Heimat der Kölsch-Marken der Radeberger Gruppe mit Brauerei und Sitz in Köln-Mülheim.

Brauerei: Haus Kölscher Brautradition
Ort: Köln-Mülheim
Biertyp: obergäriges Kölsch
Alkoholgehalt: 4,8 %
Stammwürze: 11,8 %
Farbe: hellgelb
Besonderes: leichte Malzfruchtigkeit

Brauerei: Brauerei Ladenburger
Ort: Neuler / Baden-Württemberg
Biertyp: obergäriges Weißbier / Weizenbier
Alkoholgehalt: 5,2 %
Stammwürze: 12 %
Farbe: vollgelb
Besonderes: regionale Bierspezialität

Ladenburger Hefeweizen

Hervorragendes Hefeweizen, hergestellt nach alter Brautradition. Eines der beliebtesten Biere der Ladenburger Brauerei. „Eine dichte, fast sahnige Schaumkrone, eine vollgelbe Farbe und der fruchtig-bananige typgerechte Weißbiergeruch machen dieses Bier zu etwas Besonderem", so die Brauerei. Im Trunk ist es vollmundig, weich, mild, sehr spritzig und erfrischend, mit einer angenehmen Säuerung und einer nur angedeuteten Hopfennote.

Mit der Einführung von Ladenburger Hefeweizen in Eigenproduktion im Jahr 1984 stieg die Privatbrauerei zum regionalen Marktführer in dieser Biersorte auf. Heute ist Ladenburger Hefeweizen eine von fünf Weißbier-Sorten der Brauerei. Weitere Ladenburger Bierspezialitäten sind Premium Export, Exklusiv Pils, Zwick'l, Alt Schwäbisch, Radler und Alkoholfrei. Die Verbindung von altem Brauwissen, überlieferten Rezepturen, sorgfältig ausgewählten Rohstoffen und modernster Brautechnik garantiert die gleichbleibend hohe Qualität aller Biere.

Lahnsteiner Fürsten-Pils

Ein harmonisches Pils für jeden Anlass, angenehm spritzig. Erfrischend im Trunk, glanzklar, schlank im Abgang, mit feiner, fester Schaumkrone. Wegen seiner kräftigen goldgelben Farbe ist es auch bekannt als das „Gold vom Mittelrhein". Trotz 14 Bier-Spezialitäten in Fass und Flasche ist das Pils immer noch das Hauptprodukt der Lahnsteiner Brauerei; es hat sich gegen den Trend zu immer milderen und helleren Bieren seine betonte Hopfenbittere und seine kräftige Farbe bewahrt.

In Lahnstein wird seit dem Jahr 1324 Bier gebraut. Auch die Familie Fohr, Inhaber der Lahnsteiner Brauerei, blickt bereits auf zehn Generationen Brautradition zurück. Die Brauerei wird heute von Dr. Markus Fohr geleitet, studierter und promovierter Bierbrauer und Diplom-Sommelier. Längst hat sie sich als regionale Spezialitätenbrauerei mit internationalem Anspruch positioniert. Die Lahnsteiner Bierseminare sind eine feste Institution für neugierige Bierliebhaber aus aller Welt.

Brauerei: Lahnsteiner Brauerei
Ort: Lahnstein / Rheinland-Pfalz
Biertyp: untergäriges Pils
Alkoholgehalt: 4,9 %
Stammwürze: 11,3 %
Farbe: goldgelb
Besonderes: Pils für jeden Anlass aus einer regionalen Brauerei mit internationalem Anspruch

Der Pulverturm im rheinland-pfälzischen Lahnstein, wo bereits seit dem Jahr 1324 Bier gebraut wird. Hierher kommt das **Fürsten-Pils**.

Lasser Urbock

Vollmundige, bernsteinfarbene Saisonspezialität von dunkelbrauner Farbe. Kraftvoll und süffig, geprägt von Malzaromen und einer leichten Karamellnote. Ein Bier für sinnenfrohe Genießer von der Privatbrauerei Lasser.

Tradition und Fortschritt prägen die Geschichte der Brauerei im Herzen Lörrachs. 1858 übernahm der Oberbrauer Adam Lasser die seit acht Jahren bestehende Braustätte. 150 Jahre Brautradition verpflichten. Geschmack und Reinheit der Lasser Bierspezialitäten basieren auf der sorgfältigen Auswahl der Rohstoffe und dem Wissen erfahrener Braumeister. Darauf wird bei Lasser großen Wert gelegt, betont das Familienunternehmen. „Hier gilt, was gut ist." Neben einer kundenorientierten Unternehmensphilosophie genießen bei Lasser auch technische Innovationen höchste Priorität. Die Produktpalette der zukunftsorientierten Privatbrauerei ist vielfältig. Sie umfasst sechs verschiedene Biersorten sowie neun alkoholfreie Libella-Getränke.

Brauerei: Privatbrauerei Lasser
Ort: Lörrach
Biertyp: untergäriges dunkles Starkbier
Alkoholgehalt: 6,6%
Stammwürze: mindestens 16 %
Farbe: dunkel
Besonderes: vollmundige Saisonspezialität

Leibinger Edel Spezial

Untergäriges helles Vollbier, das durch seine angenehme Milde und seinen feinwürzigen Geschmack besticht. Sorgfältig handwerklich gebraut von der Ravensburger Brauerei Leibinger mit bestem Tettnanger Aromahopfen, Qualitätsgerste aus der Region und reinem Quellwasser aus dem Voralpenland. „Durch unsere Liebe zu Bier und Brauen und durch unser tägliches Handwerk erreicht unser Leibinger Edel Spezial seit nunmehr vier Generationen ausgezeichnete Qualität."

1894 kaufte Max Leibinger die Benediktiner-Brauerei in Ravensburg. Der innovative Firmengründer stand technischen Neuerungen und der Erweiterung der Brauerei stets aufgeschlossen gegenüber. Nach einer wechselvollen Firmengeschichte ging das Familienunternehmen 1996 in die vierte Generation, und mit der Einführung von Szenegetränken wie Max 5,2, Seeradler, Seeweisse und Zeppelin Bier führte Michael Leibinger die Brauerei auf Erfolgskurs.

Brauerei: Brauerei Max Leibinger
Ort: Ravensburg
Biertyp: untergäriges helles Vollbier
Alkoholgehalt: 5,2 %
Stammwürze: 12,5 %
Farbe: golden
Besonderes: regionale Bierspezialität mit Tradition

Leinburger Senatoren Dunkel

Kräftiges, dunkles, naturtrübes Exportbier, traditionell gebraut von der ältesten Privatbrauerei im Nürnberger Land. „Die Farbe leuchtet wie russischer Tee, der Schaum ist feinporig, leicht bräunlich. Der vielschichtige Malzduft enthält verschiedene Orangennoten. Im Nachtrunk führen zarte Hopfennoten und Malzbittere einen freundlichen Wettstreit." So charakterisiert die Brauerei Bub ihre dunkle Bierspezialität.

Eine Brauerei mit Tradition. Seit 1617 wird im alten Brauhaus in Leinburg ununterbrochen Bier gebraut. 1830 kaufte die Familie Bub das gesamte Brauereianwesen. Seither ist die Brautradition des Nürnberger Landes eng mit dem Namen Bub verbunden. „Als Brauerei, die ihre Herkunft im Namen führt, fühlen wir uns der Zukunft unserer Region verpflichtet." Noch heute braut der traditionsbewusste Familienbetrieb nach überlieferten Rezepturen mit reinen und natürlichen heimischen Zutaten. Und streng nach dem bayerischen Reinheitsgebot von 1516.

Brauerei: Brauerei Bub
Ort: Leinburg / Mittelfranken
Biertyp: untergäriges dunkles Export
Alkoholgehalt: 5,4 %
Stammwürze: 12,8 %
Farbe: dunkel, naturtrüb
Besonderes: dunkle regionale Bierspezialität aus dem Nürnberger Land

Anfang des 20. Jahrhunderts verdrängten nach und nach Brauerei-Lieferwagen die alten Pferde- und Ochsengespanne.

Licher Pilsner Premium

Reiner Genuss aus dem Herzen der Natur. Mit diesem Statement unterstreicht die Licher Privatbrauerei ihren engen Bezug zur Natur. Gemeinsam mit verschiedenen Organisationen engagiert sie sich für den Erhalt und Wiederaufbau der heimischen Flora und Fauna. Bis heute sind Reinheit, Frische und Natürlichkeit die Werte, die alle Licher-Biere auszeichnen. Das feinherbe Licher Pilsner Premium wird nach alter Tradition gebraut.

1854 gründete der Gastwirtsohn Johann Heinrich Jhring im hessischen Lich eine Dampfbierbrauerei, um die elterliche Gaststätte mit Bier zu versorgen. 150 Jahre später wurde die erfolgreiche hessische Licher Privatbrauerei Mitglied der Bitburger Braugruppe. Weitere bekannte Produkte sind das Licher Export, Licher Weizen, Licher Radler und verschiedene Biermischgetränke.

Brauerei: Licher Privatbrauerei Jhring-Melchior
Ort: Lich
Biertyp: untergäriges Pils
Alkoholgehalt: 4,9 %
Stammwürze: 11,5 %
Farbe: kristallklares goldgelb
Besonderes: feinherber Biergenuss nach alter Tradition

Das Oktoberfest lockt jährlich über sechs Millionen Besucher aus aller Welt nach München. Die Wiesn, wie das größte Volksfest der Welt in Bayern heißt, blickt auf eine über 200-jährige Tradition zurück. **Löwenbräu** darf hier nicht fehlen.

Lindener Spezial

Hopfenfrisches, leicht herbes, süffig-würziges helles Export. „Hannovers Spezielles" – das Bier für den großen Durst. Es wurde mehrfach von der DLG für seine hervorragende Qualität ausgezeichnet und ist eine der erfolgreichsten Exportbiermarken Niedersachsens. Gebraut wird es in der Gilde Brauerei.

Die Gilde Brauerei blickt auf eine lange Tradition zurück. 1526 stellte Cord Broyhan zum ersten Mal den Hannoveranern sein neues, nach ihm benanntes obergäriges Bier vor. 1609 erkannte der Rat der Stadt die Brauereigilde als eigenständige Rechtsperson an – damit ist die Gilde das älteste hannoversche Unternehmen. Zur Jahrtausendwende behauptete sich die Gilde-Gruppe unter den Top Ten der deutschen Brauereiwirtschaft. Inzwischen ist die Traditionsbrauerei eine Marke der Anheuser-Busch InBev. Gilde vereint Produktvielfalt und Qualität miteinander. Ob Gilde Pilsener, Gilde Ratskeller Premium-Pils oder das Exportbier Lindener Spezial – für jeden Geschmack ist etwas dabei.

Brauerei: Gilde Brauerei
Ort: Hannover
Biertyp: untergäriges Export
Alkoholgehalt: 5,1 %
Stammwürze: ca. 12,3 %
Farbe: goldgelb
Besonderes: Hannovers Spezielles für den großen Durst

Löwenbräu Urtyp

Premiumspezialität, vollmundig mit Charakter. Im Geschmack würzig, mild hopfig mit feinem Malzanteil, dazu eine feinporige, kompakte, stabile Blume und eine goldgelbe, blanke Farbe. Löwenbräu Urtyp wird nach dem bayerischen Reinheitsgebot und höchsten Qualitätsstandards mit ausgewählten, hochwertigen Rohstoffen gebraut. Die ausgewogene Würzigkeit, seine goldene Farbe sowie der feine malzaromatische Geschmack sind typisch für den süffig-frischen Biergenuss aus München.

Löwenbräu ist weltweit ein Synonym für bayerisches Bier. Nur selten verschmelzen ein Produkt und seine Heimat so stark, wie es Löwenbräu über Jahrhunderte hinweg gelungen ist, daher auch der Slogan: „Löwenbräu. Ein Bier wie Bayern." Die Erfolgsgeschichte der Brauerei begann in der Löwengrube im Jahr 1524. Von 1818 bis 1872 prägte die Familie Brey maßgeblich den wirtschaftlichen Aufstieg zur größten Brauerei Münchens. Inzwischen gehört die Traditionsbrauerei zu Anheuser-Busch InBev.

Brauerei: Löwenbräu
Ort: München
Biertyp: untergäriges Helles
Alkoholgehalt: 5,5 %
Stammwürze: 12,4 %
Farbe: goldgelb
Besonderes: „Ein Bier wie Bayern"

Löwengold Export Hell

Kräftiges, mild-würziges und vollmundiges Exportbier mit feiner Hopfennote. Gebraut auf handwerkliche Weise von der Bayerischen Löwenbrauerei im niederbayerischen Passau. Ihr Leitspruch: „Das Ganze ist mehr als die Summe seiner Einzelteile." Das Geheimnis der hellgoldenen, leuchtenden Farbe und des feinen, bekömmlichen Geschmacks: Ausgewählte Gerstensorten aus verschiedenen bayerischen Anbaugebieten, feinste Hallertauer Aromahopfensorten, frische untergärige Hefe aus eigener Reinzucht und weiches Brauwasser. Dazu kommen traditionelle Herstellungsverfahren, modernste Brautechnik, traditionelles Brauhandwerk und eine Leidenschaft für die Braukunst. Vier bis sechs Wochen reift das Jungbier im kalten Lagerkeller, bis es durch den Braumeister zur Filtration freigegeben wird. Ergebnis: ein charaktervolles Bier mit unverwechselbarem Geschmack.

Brauerei: Bayerische Löwenbrauerei Franz Stockbauer
Ort: Passau
Biertyp: helles untergäriges Export
Alkoholgehalt: 5,5 %
Stammwürze: ca. 12 %
Farbe: hellgolden
Besonderes: regionale Bierspezialität

Brauerei: Mecklenburgische Brauerei Lübz
Ort: Lübz / Mecklenburg-Vorpommern
Biertyp: untergäriges Pils
Alkoholgehalt: 4,9 %
Stammwürze: mindestens 11 %
Farbe: goldgelb
Besonderes: bekannte Biersorte in den neuen Bundesländern

Lübzer Pils

Hopfenbetontes schlankes Pils, mildherb und spritzig im Geschmack mit feinem Schaum. Gebraut wird die Bierspezialität seit 1877 nach dem deutschen Reinheitsgebot von 1516.

Die Brauerei Lübz braut nur mit ausgesuchten Rohstoffen aus der reinen und unberührten Natur Mecklenburg-Vorpommerns. Feinste Hopfensorten aus den besten Anbaugebieten, hochwertige Braugerste und Wasser aus dem eigenen Brunnen geben den Lübzer Bieren ihren ausgezeichneten Geschmack. Außerdem wird bei Lübzer nur in eigener Reinzucht gewonnene Hefe eingesetzt. Lübzer Pils ist die Hauptmarke der Brauerei, die eine der modernsten Braustätten in den neuen Bundesländern ist. Doch auch die anderen Sorten wie Lübzer Lemon, Lübzer Urkraft, Lübzer Schwarzbier, Lübzer Export und die beiden alkoholfreien Sorten Lübzer Alkoholfrei und Lübzer Lemon Alkoholfrei erfreuen sich größter Beliebtheit.

Lucas Cranach Lagerbier

Rotgoldenes, vollmundiges Exportbier aus der Familienbrauerei Kaiserhof im Frankenwald. Seinen Namen trägt es zu Ehren eines der berühmtesten Söhne der Stadt Kronach, Lucas Maier, der sich später nach seiner Geburtsstadt Cranach nannte und einer der bedeutendsten deutschen Maler der Renaissance war. Sein Porträt ziert bis heute das Flaschenetikett des untergärigen Lagerbiers, das bis ins 19. Jahrhundert als Lagerbier bezeichnet wurde, weil es im Sommer in kühlen Felsenkellern reifte, um dann im Herbst getrunken zu werden.

Die Brauerei Kaiserhof ist ein mittelständisches Familienunternehmen. Heute steht bereits die vierte Generation an den Braukesseln. Das Sortiment umfasst zahlreiche Bierspezialitäten: Pilsener, Weißer Kaiser (helles Weizen), Schwarzer Kaiser (dunkles Weizen), Kellerbier, unfiltriertes Pilsener und Schwedentrunk (dunkles Spezialbier).

Brauerei: Brauerei Kaiserhof
Ort: Kronach
Biertyp: untergäriges Lager / Export
Alkoholgehalt: 4,5 %
Stammwürze: 11,3 %
Farbe: rotgolden
Besonderes: regionale Bierspezialität

Der Amtsturm im Zentrum von Lübz ist einer der besterhaltenen Wehrtürme Deutschlands. Die Stadt ist Heimat einer der modernsten Braustätten in den neuen Bundesländern, der **Brauerei Lübz**.

Maierbräu Export Hell

Handwerklich gebrautes helles Exportbier aus ausgewählten heimischen Gerstenmalzen und Hallertauer Aromahopfen – goldgelb, würzig und vollmundig. Traditionelle Gärung und Reifung mit untergäriger Hefe, gebraut nach dem bayerischen Reinheitsgebot von 1516 von Maierbräu, einer Familienbrauerei in Altomünster, das im Städte-Dreieck München – Augsburg – Ingolstadt liegt.

1886 erwarb Franz Xaver Maier das Brauhaus mit Brauereigaststätte und Landwirtschaft und legte damit den Grundstein für den heutigen Erfolg des mittelständischen Unternehmens. 2011 feierte die Brauerei ihr 125-jähriges Jubiläum. Der Leitspruch des Betriebs: „Wer alles kann, kann von jedem nur ein bisschen. Deshalb brauen wir ausschließlich nur das Export Hell, das Jacobi-Pils, das Alto-Dunkel, das Mensch Maier und die beiden Weißbiere Landler Weisse und Landler Dunkel." Alkoholfreie Maierbräu Durstlöscher ergänzen seit 1997 das Sortiment.

Brauerei: Maierbräu
Ort: Altomünster / Oberbayern
Biertyp: untergäriges Helles / Export
Alkoholgehalt: 4,9 %
Stammwürze: 12,3 %
Farbe: goldgelb
Besonderes: regionale Landbierspezialität, mehrfach DLG-prämiert

Maisel's Weisse Original

Original Hefe-Weißbier, gebraut nach dem überlieferten Brauverfahren der Flaschengärung mit Hefe aus brauereieigener Reinzucht. Angenehme Fruchtaromen und der frische Geruch nach feiner Hefe verbinden sich im Antrunk mit der milden Würze aus Malz-, Frucht- und Nelkenaromen und einer Nuance Muskatnuss. Im Nachgang entfaltet sich das für Maisel's Weisse typische, leicht fruchtige, würzige Weißbieraroma.

„Machs's auf Deine Weisse" ist die Philosophie der Bayreuther Maisel Brauerei. Die Liebe zum Produkt und höchstes handwerkliches Können prägen das Bild des 1887 gegründeten Familienunternehmens, das inzwischen von der vierten Generation geführt wird. Die Brauerei ist überzeugt: „Das konsequente Festhalten an den ursprünglichen Brauverfahren mit ausgewählten Weizen- und Gerstenmalzen und die Verwendung spezieller Hefe aus eigener Zucht machen Maisel's Weisse zu einem einzigartigen Genuss. Diese Einzigartigkeit und Spitzenqualität ist für uns Ansporn und Verpflichtung zugleich."

Brauerei: Brauerei Gebrüder Maisel
Ort: Bayreuth
Biertyp: obergäriges Weißbier
Alkoholgehalt: 5,2 %
Stammwürze:
Farbe: rötlich bernsteinfarben
Besonderes: sechs Weißbier-Spezialitäten, darunter die Bayreuther Bio-Weisse

Brauhandwerk mit Familiensinn. Die **Brauerei Martinsbräu** und die Stadt Marktheidenfeld im Spessart sind eng miteinander verbunden.

Brauerei: Martinsbräu
Ort: Marktheidenfeld / Unterfranken
Biertyp: untergäriges Pils
Alkoholgehalt: 4,9 %
Stammwürze: 11,7 %
Farbe: goldgelb
Besonderes: „Silberner Preis 2013“ der DLG

Martinsbräu Skt. Martinus Pilsner

Fein, herb, edel. Das beliebte Pils aus der Familienbrauerei Martinsbräu steht seit 1883 für eine sorgfältige und unverfälschte Braukultur. Nur ausgesuchte Zutaten und das reine Wasser der Spessart-Region lassen diese echte fränkische Bierspezialität entstehen.

Die Martinsbräu wurde 1883 von Heinrich und Georg Martin gegründet. Heute wird das Unternehmen in der vierten Generation von der Familie Martin geführt. Die Brauerei verwendet für ihr Martinsbräu-Bier nur die besten Rohstoffe wie Hopfen aus der Hallertau und aus Tettnang. Das klare Spessart-Quellwasser und das traditionsreiche Handwerkskönnen der Braumeister garantieren die hohe Martinsbräu-Bierqualität. 2013 wurden fünf ihrer Bierspezialitäten von der DLG ausgezeichnet: Die Skt.-Martinus-Sorten Landbier, Dunkel, Weizen Hefe hell und Zwickl Kellerbier erhielten Gold, das Skt. Martinus Pilsner Silber.

Maxlrainer Schloss Gold

Ein Bier von edler Herkunft. Milder, vollmundiger, harmonischer Geschmack, herrliche Farbe. Das Schloss Gold ist das bekannteste unter den Maxlrainer Bieren.

Die Schlossbrauerei Maxlrain aus dem Mangfalltal braut ihr Bier mit Wasser aus der eigenen Quelle und setzt auf alte Qualitäts-Braugersten, die teilweise von Landwirten im Südosten von München nur für Maxlrain angebaut werden. Diese Gerstensorten sind weniger ertragreich, geben dem Bier aber seinen ganz eigenen Geschmack. Nicht nur die ausgewählten Rohstoffe sind das Geheimnis der Maxlrainer Gold-Biere. Braumeister Josef Kronast lässt seinen 15 Biersorten auch Zeit: „Wir brauen heute noch handwerklich. Bei uns dauert der Brauprozess mit Lagerung, je nach Biersorte, etwa sechs Wochen. Das ist aufwendig und deutlich kostspieliger als bei einer industriellen Fertigung. Doch man schmeckt es." Die Schlossbrauerei Maxlrain, gegründet 1636, ist eine der höchst prämierten Brauereien Deutschlands und wurde 2012 zur Brauerei des Jahres gekürt.

Brauerei: Schlossbrauerei Maxlrain
Ort: Maxlrain / Tuntenhausen
Biertyp: untergäriges Helles / Export
Alkoholgehalt: 5,3%
Stammwürze: 12,3%
Farbe: goldgelb
Besonderes: „Goldener Preis 2013" der DLG

Inmitten einer weitläufigen Parkanlage liegt das Renaissance-**Schloss Maxlrain** im oberbayerischen Chiemgau. Seit 1636 wird hier Bier gebraut.

Max-Reger-Dunkel

Handwerklich gebrautes Lagerbier, mahagonibraun mit Kuperrottönen, malzaromatisch mit leichten Karamell- und Bitterschokoladenoten und dezenter Süße. Es ist benannt nach dem berühmten Komponisten Max Reger (1873–1916), der in Weiden aufwuchs. Max-Reger-Dunkel wird nach dem bayerischen Reinheitsgebot von der Gambrinus-Brauerei hergestellt.

Die Weidener Privatbrauerei wird in vierter Generation als Familienunternehmen geführt. Hier wird das untergärige Lagerbier nach alter Tradition mit moderner Brautechnik und besten Rohstoffen gebraut. Als Lagerbier wurde noch im 19. Jahrhundert ein untergäriges Bier bezeichnet, das im Sommer in kühlen Felsenkellern reifte, um dann im Herbst getrunken zu werden. Insgesamt 13 würzige Biersorten, elf Limonaden und viele wohlschmeckende Säfte werden in der Weidener Traditionsbrauerei hergestellt und vertrieben. Für die vorzügliche Qualität der Biere sprechen mehrere der begehrten DLG-Prämierungen in Gold und Silber.

Brauerei: Gambrinus-Brauerei
Ort: Weiden
Biertyp: untergäriges dunkles Lager / Export
Alkoholgehalt: 4,9 %
Stammwürze: mindestens 12 %
Farbe: kupfer-mahagonibraun
Besonderes: regionale Bierspezialität mit langer Tradition

Mönchshof Bockbier

Kulmbachs sympathisches Bier. Kupferfarbenes traditionelles Starkbier mit feiner Perlage und stabilem, feinporigem Schaum aus der heimlichen Hauptstadt des Biers. Am Gaumen sauber und kraftvoll mit eleganter malziger Note, Dörrobstaromen sowie feinen nussigen Komponenten. Gute aromatische Länge und fein eingebundene Kohlensäure. Sehr aromatisch mit Anklängen von getrockneten Pflaumen, Feigen und Aprikosen, einem Hauch von Kakao sowie Aromen von Vanille und Malz. Komplexer Duft mit Röstaromen und einem Hauch Tabak. Mönchshof Bockbier wird ganzjährig gebraut.

Das Bockbier ist nur eine von zehn Bierspezialitäten der Marke Mönchshof, die zur Kulmbacher Brauerei gehört. Ihre Braumeister pflegen die alten Rezepturen und legen größte Sorgfalt auf die Auswahl der Rohstoffe. Nur edle Braugerste von heimischen Ackerböden, handverlesener Aromahopfen und kristallklares Quellwasser werden zum Brauen verwendet. Bierqualität mit Tradition – vom Gründungsjahr 1846 an bis heute.

Brauerei: Kulmbacher Brauerei
Ort: Kulmbach
Biertyp: untergäriges dunkles Vollbier
Alkoholgehalt: 6,9 %
Stammwürze: 16,3 %
Farbe: kupferfarben
Besonderes: wird ganzjährig gebraut

Die Neumarkter **Brauerei Lammsbräu** war die erste deutsche Brauerei, die begann, rein ökologisch erzeugte Zutaten zu verwenden – hier ein Feld mit Gerste.

Neumarkter Lammsbräu Urstoff

Schon der Geruch erinnert durch seine feine Röstnote an die kräftigen Gerstenfelder der Oberpfalz. Traditionell gebraut mit vollem Malz- und zartem Hopfenaroma, klingt es vollmundig weich und mild aus. Der weiße, cremige Schaum sitzt wie eine Krone auf dem goldgelben, fast honigfarbenen Lammsbräu Urstoff, hergestellt in der größten Bio-Brauerei Deutschlands.

Als Bio- und Qualitätshersteller genießt die Brauerei Lammsbräu hohes Ansehen. 1986 begann das Unternehmen, das 1800 von der Familie Ehrnsperger erworben worden war, mit der Produktion der ersten Bio-Biersorten. 1995 stellte sie das gesamte Sortiment auf 100 Prozent „Bio" um. In der hauseigenen Mälzerei wird ausschließlich Öko-Getreide verarbeitet, Hopfen und Malz werden keiner Schwefelung unterzogen. Lammsbräu verwendet keine Hopfenextrakte oder Hopfenpulver, sondern reine Aromahopfendolden sowie ungechlortes Bio-Mineralwasser von natürlicher Reinheit aus dem eigenen Brauereibrunnen.

Brauerei: Neumarkter Lammsbräu Gebr. Ehrnsperger
Ort: Neumarkt / Oberpfalz
Biertyp: untergäriges Helles
Alkoholgehalt: 4,7 %
Stammwürze: 11,5 %
Farbe: goldgelb, fast honigfarben
Besonderes: Bio-Bier mit purem, würzigem Geschmack

Oettinger Kellerbier

Naturtrüb, urig, unfiltriert. Kellerbier, in manchen Regionen auch Zwickelbier genannt, ist ein ungefiltertes Bier mit einem geringeren Kohlensäuregehalt und die neue Spezialität von Original Oettinger.

Oettinger ist die erste Brauerei Deutschlands mit dem Gütesiegel „Ohne Gentechnik". Damit garantiert das Unternehmen dem Verbraucher eindeutig und nachvollziehbar, dass es nicht nur höchste Qualitätsanforderungen an alle Prozessschritte anlegt, sondern auch sicherstellt, dass sich keinerlei Spuren von gentechnisch veränderten Rohstoffen in den Produkten befinden. „Der Tradition verpflichtet" ist der Leitspruch der Oettinger Brauerei, einem Familienunternehmen im bayerischen Schwaben, dessen Braugeschichte sich bis in das Jahr 1731 zurückverfolgen lässt. Oettinger ist heute – gemessen am Ausstoß – Deutschlands größte Biermarke. Das Unternehmen verzichtet auf Werbung in den Medien, weil es der Meinung ist, dass ein Produkt mit einem hervorragenden Preis-Leistungsverhältnis für sich selbst wirbt.

Brauerei: Oettinger Brauerei
Ort: Oettingen / Bayern
Biertyp: untergäriges naturtrübes Kellerbier
Alkoholgehalt: 5,6 %
Stammwürze: k.A.
Farbe: bernsteinfarben
Besonderes: „Goldener Preis 2013" der DLG

Brauerei: Oettinger Brauerei
Ort: Oettingen / Bayern
Biertyp: untergäriges Pils
Alkoholgehalt: ca. 4,7 %
Stammwürze: ca. 11,2 %
Farbe: helles Goldgelb
Besonderes: feinherbes Pils mit typischem Hopfenaroma

Oettinger Pils

Feinherbes, elegantes Bier mit dem typischen edlen Hopfenaroma., gebraut nach dem Reinheitsgebot von 1516.

Die Oettinger Brauerei ist Deutschlands erste Brauerei mit dem Gütesiegel „Ohne Gentechnik". Sie setzt hohe Maßstäbe bei Qualität und Sicherheit beim Brauen. Verwendet werden ausschließlich hochwertige Rohstoffe, deren Beschaffenheit regelmäßig kontrolliert wird. In der gesamten Produktion wird trotz des hohen Automatisierungsgrads und der modernen Technik großer Wert auf die menschliche Sensorik und die Erfahrung der qualifizierten Mitarbeiter gelegt: Immer wieder riechen, verkosten und begutachten sie während des Brauprozesses. Denn am Anfang und am Ende der Produktion steht bei Deutschlands beliebtestem Bier immer noch der Mensch – und Qualität wie Sicherheit damit ganz vorn. Das Familienunternehmen, dessen Braugeschichte bis in das Jahr 1731 zurückgeht, ist derzeit die größte bayerische Privatbrauerei und – gemessen am Ausstoß – Deutschlands größte Biermarke.

Weithin sichtbar ist der 25 Meter hohe **Paulaner-Turm** mit seinem sechs Meter hohen Maßkrug auf dem Münchner Oktoberfest.

Paderborner Pilsener

Ein typischer Westfale. Mildwürzig und herzhaft im Geschmack.

Die Brautradition der Paderborner Brauerei reicht bis ins Jahr 1852 zurück; seit dem Jahr 1990 gehört sie zur Warsteiner Gruppe. Neben den Premium-Regionalmarken Paderborner Gold, Weissenburger Pilsener und Isenbeck Premium Pils werden für die Marke Paderborner Pilsener auch die Sorten Paderborner Export, Paderborner Malz, die dunkle Bierspezialität Paderborner Alt, Radler und Paderborner Cola hergestellt. Seit Sommer 2012 ergänzt das naturtrübe Hefeweißbier Paderborner Weizen das Sortiment. Die Paderborner Brauerei verwendet nur qualitativ hochwertige Inhaltsstoffe zum Brauen: Hopfen aus überwiegend deutschen Anbaugebieten, Reinzuchthefe aus der eigenen Produktion, ausgesuchte zweizeilige Sommergerste als Braumalz und dazu ein für den Pilsener Brauprozess ideales weiches Wasser.

Brauerei: Paderborner Brauerei
Ort: Paderborn
Biertyp: untergäriges Pils
Alkoholgehalt: 4,8 %
Stammwürze: 11,2 %
Farbe: goldgelb
Besonderes: herzhaft westfälisch

Palmbräu Das Original

Fein gehopftes Pils mit dem ursprünglichen, natürlichen vollen Biergeschmack. Naturbelassen, unfiltriert, mit 100 Prozent Bio-Hopfen und Bio-Malz aus ökologischem Landbau gebraut.

1835 wurde die Privatbrauerei Palmbräu in Eppingen bei Heilbronn von Jakob Zorn, einem Küfer, Brennmeister und Gastwirt, gegründet. Seinen ersten Sud braute er in einem Schnapskessel. „Palmbräu. Der Stolz des Kraichgaus" ist heute der Slogan der Brauerei. Nach wirtschaftlich turbulenten Jahren stellt die Traditionsbrauerei heute regionale Bierspezialitäten her, u. a. Gründerbier, das süffige Vollbier mit dem lieblich röstaromatischen Charakter und sanfter Hopfennote, Unser Bestes, das elegante Vollbier mit Gerstenmalz aus Eppinger Goldgerste, und Schwarzer Zornickel, der charaktervolle schwarze Doppelbock mit kräftigem Malzaroma und herber Hopfenfrische. Ergänzt wird das Sortiment durch drei Weizenbier-Spezialitäten: Hefeweizen, Kristallweizen und Weizen Dunkel.

Brauerei: Palmbräu Eppingen
Ort: Eppingen / Baden-Württemberg
Biertyp: untergäriges naturtrübes Pils
Alkoholgehalt: 5,2 %
Stammwürze: 12,8 %
Farbe: goldgelb, naturtrüb
Besonderes: „Goldener Preis 2011" der DLG

Brauerei: Paulaner Brauerei
Ort: München
Biertyp: obergäriges Weißbier / Weizenbier
Alkoholgehalt: 5,5 %
Stammwürze: 12,5 %
Farbe: goldfarben, naturtrüb
Besonderes: leicht fruchtig mit feinem Hefearoma

Paulaner Hefe-Weißbier Naturtrüb

Spritzig-mild und fruchtig mit feinem Hefearoma. Durch die unfiltrierte Brauweise bleibt natürliche Ursprünglichkeit des Paulaner Hefe-Weißbiers ebenso erhalten wie die vielen Vitamine, Mineralien und Spurenelemente. Speziell gezüchtete obergärige Hefe gibt ihm seinen unverwechselbaren Charakter.

Seit 1634 ist die Paulaner Brauerei fester Bestandteil der Kultur, Tradition und Geschichte Münchens. Damals begannen die Paulaner Mönche im Kloster Neudeck mit dem Bierbrauen, um die Fastenzeit zu überbrücken. Heute steht Paulaner für hohe Braukompetenz und bayerische Bier- und Gastronomiekultur. „Gut – besser – Paulaner". Paulaner Hefe-Weißbier Naturtrüb ist nationaler Marktführer und auf der ganzen Welt ein Synonym für authentischen Münchner Weißbiergenuss. Mehr als zwei Millionen Hektoliter Bier verlassen jährlich das Unternehmen, das seine Produkte in über 70 Länder exportiert und es dabei doch versteht, ein echtes Münchner Traditionsunternehmen mit regionalen Wurzeln zu bleiben.

Peters Kölsch

Frischer Genuss bis zum letzten Schluck. Peters Kölsch wird als Kölschmarke mit Tradition für den Endverbraucher in der Bügelverschlussflasche verkauft. Mit einem unverkennbaren „Plöpp" öffnet es sich immer dann, wenn man Lust auf ein Kölsch hat, das wie frisch gezapft schmeckt. Hell, obergärig und hopfenbetont, so wie es die Kölner Biertradition verlangt. Und damit sich der frische Genuss bis zum letzten Schluck hält, lässt sich „das kleinste Brauhaus der Stadt" auch jederzeit wieder schließen. Peters Kölsch wird nach den Prinzipien des alten Brauhandwerks mit besten Rohstoffen getreu dem deutschen Reinheitsgebot gebraut.

Lange Zeit galt Peters Kölsch als die nördlichste Braustätte der Stadt, als die letzte Bastion des guten Geschmacks vor der Altbiergrenze. Heute gehört es zum Haus Kölscher Brautradition der Radeberger Gruppe mit Brauerei und Sitz in Köln-Mülheim und firmiert unter diesem Dach als die kleine, feine Kölschmarke für alle, die das Besondere zu schätzen wissen.

Brauerei: Haus Kölscher Brautradition
Ort: Köln-Mülheim
Biertyp: obergäriges Kölsch
Alkoholgehalt: 4,8 %
Stammwürze: ca. 11,5 %
Farbe: hellgelb
Besonderes: würzig-kerniger Unterton

Das Zunftzeichen der Brauer: Brauerbottich mit Malzschaufel, Maischerührscheit, Schöpfer und Gerstenähren auf einer Tafel der **Brauerei Pinkus Müller**.

Pfungstädter Urstoff

Das Urige vom Fass: naturtrüb, ungefiltert und urwürzig. Pfungstädter Urstoff ist streng limitiert und nur in ausgewählten Gaststätten frisch vom Fass erhältlich.

Seit 1831 fühlt sich der Familienbetrieb Pfungstädter der Qualität, den Menschen und der Umwelt verpflichtet. Bis heute ist es der Brauerei gelungen, als eigenständiges Unternehmen in der Hand der Gründerfamilie zu bleiben. „Unsere heutige Position als größte hessische Privatbrauerei zeigt, dass dies der richtige Weg war", so die Brauerei. Das Bier ist heute Nummer eins in der Region. Nicht ohne Grund: Die Zutaten, die beim Brauen verwendet werden, sind von allerhöchster Qualität. Pfungstädter Biere werden mit natriumarmem Quellwasser aus dem Geo-Naturpark Bergstraße-Odenwald, eigens gezüchteter Bierhefe, feinstem Naturhopfen und ausschließlich hessischer Gerste aus kontrolliertem Anbau gebraut. Dafür erhielt Pfungstädter das Qualitätszeichen „Geprüfte Qualität – Hessen".

Pinkus Original Alt und Pinkus Pils

Kräftig goldene Farbe, weinähnlicher Charakter – ein Bier mit Tradition, gebraut nach überlieferter Rezeptur. Pinkus Original Alt, die beliebte helle Altbier-Spezialität, wird aus Bioland-Malz, obergäriger Hefe, Hopfen und erstklassigem Brauwasser nach altbewährtem Brauverfahren streng nach dem deutschen Reinheitsgebot hergestellt. Durch die lange Lagerung erhält Pinkus Alt seinen erfrischenden weinähnlichen Charakter und zählt durch seinen Gehalt an natürlicher Milchsäure zu den bekömmlichsten Bieren mit einer besonderen Note. Eine weitere Spezialität der Traditionsbrauerei ist das untergärige Pinkus Pils. Die schonende Behandlung und lange Reifung bei Temperaturen knapp unter dem Gefrierpunkt machen Pinkus Pils zu einem typischen Pinkus-Bier mit besonderer Note: würzig und feinherb genügt es höchsten Ansprüchen.

Pinkus – der Name steht nicht nur für Braukunst, sondern auch für eine langjährige Familientradition, und das seit 1816. Pinkus Müller ist die einzige von ehemals 150 Altbierbrauereien, die in Münster noch existiert.

Brauerei: Pinkus Müller Brauerei
Ort: Münster
Biertyp: obergäriges helles Alt und untergäriges Pils
Alkoholgehalt: 5,1 % (Alt), 5 % (Pils)
Stammwürze: 12,8 % (Alt), 11,5 % (Pils)
Farbe: goldgelb
Besonderes: nach alter Rezeptur handwerklich gebraut

Brauerei: Pfungstädter Brauerei Hildebrand
Ort: Pfungstadt
Biertyp: naturtrübe Bierspezialität
Alkoholgehalt: 5,3 %
Stammwürze: 12,5 %
Farbe: goldgelb, naturtrüb
Besonderes: wird nur in ausgewählten Gastronomiebetrieben ausgeschenkt

Brauerei: Ratsherrn Brauerei
Ort: Hamburg
Biertyp: Rotbier
Alkoholgehalt: 5,2 %
Stammwürze: 12,5 %
Farbe: bernsteinfarben
Besonderes: Traditionsbier in neuem Gewand

Ratsherrn Rotbier

Das bernsteinrote Traditionsbier aus dem Herzen Hamburgs – bereits 1536 löste Joachim von Lohe mit dem Ausschank des „fewrrothen" Biers in St. Pauli Begeisterung aus. Seine bernsteinrote Farbe entsteht durch die ausgewählte Malzmischung, die auch für die besondere Karamell- und die leichte Schokoladennote sorgt.

Heute will die Ratsherrn Brauerei die Rotbier-Tradition wieder aufleben lassen. Die Herstellung der Ratsherrn-Biersorten erfolgt ganz im Sinne der Craft-Beer-Bewegung, die in den 1980er-Jahren in den USA ihren Anfang nahm und nun auch die europäische Brauerei-Szene bereichert. Der sorgfältige Umgang mit ausgewählten Rohstoffen sowie die Verknüpfung traditioneller Bierrezepturen mit neuen Geschmacksideen stehen hier im Mittelpunkt. Mit den Craft-Beer-Sorten Rotbier, Pale Ale und dem Ratsherrn Pilsener wollen die Ratsherrn-Braumeister die Hamburger Brautradition wiederbeleben und weiter fortsetzen.

Regensburger Bruckmandl

Vollmundiges, goldfarbenes Helles von der Brauerei Bischofshof, gebraut nach dem bayerischen Reinheitsgebot von 1516. Bischofshof und das Regensburger Bruckmandl sind gute Bekannte, sitzt das Bruckmandl doch schon seit über 550 Jahren auf der Steinernen Brücke und hat die Dombauarbeiten vom ersten Stein an miterlebt. Es ist also Zeit geworden, dass Bischofshof seinem alten Weggefährten und einem der bekanntesten Regensburger ein eigenes Bier widmet: ein Helles ganz nach dem Geschmack des Bruckmandls. „Ein Bier, das uns zu Freunden macht."

Die kirchliche Brauerei Bischofshof ist im Jahr 1649 von Franz Wilhelm Graf von Wartenberg im Schatten des Regensburger Doms St. Peter gegründet worden. Seitdem ist Bischofshof nicht nur ein wesentlicher Bestandteil des gesellschaftlichen Lebens in Regensburg, sondern auch ein Garant für beste Biere.

Brauerei: Brauerei Bischofshof
Ort: Regensburg
Biertyp: untergäriges Helles
Alkoholgehalt: 4,9 %
Stammwürze: k.A.
Farbe: goldfarben
Besonderes: regionale Bierspezialität

UNESCO-Weltkulturerbe und besterhaltene mittelalterliche Großstadt: Regensburg mit der Kathedrale St. Peter, in deren Schatten die **Brauerei Bischofshof** ihr Bier herstellt.

Riegele Feines Urhell

Licht und blank gold, feinwürzig, mild und schlank mit der Tendenz zu leicht vollmundig abgerundeter Bittere. Die „Helle Freude" des Brauhauses Riegele wird seit Generationen mit Liebe gepflegt, klassisch gereift und besonders kalt gelagert – deshalb der feine Geschmack. „Es ist eine große Kunst", so die Brauerei, „die helle schöne Farbe für das Riegele Feine Urhell zu erzielen. Das gelingt nur, wenn der Braumeister nach dem Sieden keinen Sauerstoff mehr an unsere Bierspezialität lässt und mit unserer eigenen frischen Hefe für eine exzellente Gärung mit schnellem pH-Sturz sorgt."

Die Geschichte der Braustätte reicht bis ins Jahr 1386 zurück. 1884 erwarb dann Sebastian Riegele die traditionsreiche Brauerei, die sich zum kleinen Kreis der ältesten Brauereien der Welt zählen darf. Bewährtes zu bewahren und Offenheit gegenüber dem Neuen – das ist die Leitidee des Brauhauses, das inzwischen in der fünften Generation von der Familie betrieben wird. Der Charakter der Riegele-Biere steht dafür.

Brauerei: Brauerei S. Riegele
Ort: Augsburg
Biertyp: untergäriges Helles
Alkoholgehalt: 4,7 %
Stammwürze: 11,6 %
Farbe: blank golden
Besonderes: Gärung mit schnellem pH-Sturz

Ritterguts Gose

Die Gose ist ein obergäriges, säuerlich und leicht salzig schmeckendes Spezialbier. Ihr Name leitet sich ab von ihrem Ursprungsort, der alten Kaiserstadt Goslar im Harz, durch die das Flüsschen Gose fließt. Die Gose stellt einen eigenen, sehr alten Biertyp dar. Sie weist sowohl gewisse Ähnlichkeiten zur Berliner Weiße bzw. zum Lichtenhainer Bier auf als auch zur belgischen Geuze. Gose entstand früher, wie die meisten Biere, durch Spontangärung – heute wird die obergärige Brauart angewandt. Als besonderes Bier darf sie ausnahmsweise in traditioneller Weise mit Zusätzen von Koriander und Kochsalz hergestellt werden. Dies und die sich bei der Gärung und Reife vollziehende Milchsäurebildung verleihen der Gose ihre ganz spezielle Eigenart.

Nach schwierigen Zeiten wurde die Gosenbrauerei 1999 neu gegründet. Zunächst wurde das Bier nur in Gastwirtschaften ausgeschenkt, seit 2002 gibt es die Ritterguts Gose auch wieder in Flaschen.

Brauerei: Ritterguts Gose
Ort: Borna / Sachsen
Biertyp: obergäriges Spezialbier / Gose
Alkoholgehalt: 3,9 %
Stammwürze: 11,6 %
Farbe: bernsteinfarben, naturtrüb
Besonderes: alte Bierspezialität mit Zusätzen von Koriander und Kochsalz

Historische Postkarte der Gosenstube im Zentrum Leipzigs, in der seit 1824 die einzigartige Döllnitzer **Ritterguts Gose** ausgeschenkt wurde.

Rogg's Landbier

Hopfenaromatisches Pilsener mit Zutaten aus biologischem Anbau. Biergenuss mit gutem Gefühl, gebraut von der Schwarzwälder Privatbrauerei Rogg. „Bio aus Überzeugung" ist der Slogan der 1846 gegründeten Familienbrauerei. Das Bio-Getreide wird nach der Ernte in die Mälzerei Eckenstein nach Lahr-Dinglingen gebracht und vermälzt. Drei verschiedene Hopfensorten, alle aus biologischem Tettnanger Anbau, verleihen dem Bio-Landbier seine unverwechselbare, angenehme Bittere. In Lenzkirch wird Bier von höchster Güte mit viel Liebe und besten Zutaten handwerklich gebraut.

Von den ehemals 100 Brauereien im Landkreis Breisgau-Hochschwarzwald existiert nur noch die Privatbrauerei Rogg. „Bei uns werden Biere mit Charakter gebraut." Lenzkircher Pils, Rogg Zipfel, Hefeweizen Hell und Dunkel, Rogg's Bio Hefe-Weisse, Lenzkircher Hell und Dunkel, Radler sowie Roggodile, ein Erfrischungsgetränk mit Caipirinha-Geschmack, runden das Sortiment der Privatbrauerei Rogg ab.

Brauerei: Privatbrauerei Rogg
Ort: Lenzkirch / Schwarzwald
Biertyp: untergäriges Pilsener
Alkoholgehalt: 4,8 %
Stammwürze: 11,6 %
Farbe: goldgelb
Besonderes: hopfenaromatisches Bio-Pils

Rosen Pils

Frischherbes, aromatisches Pils aus Thüringen, gebraut nach dem deutschen Reinheitsgebot unter Verwendung von hochwertigen Rohstoffen. „Das bess're Wasser macht das bess're Bier" ist der Slogan der Rosenbrauerei Pößneck. Ihr Brauwasser kommt aus der brauereieigenen Quelle, deren weiches, natürliches Mineralwasser besonders natrium- und chloridarm sowie nitratfrei ist.

1589 ließ der Pößnecker Stadtrat in der Krautgasse ein neues Brau- und Malzhaus errichten, in dem sich ein Brunnen befand, der aus der Mönchsquelle gespeist wurde. 1883 pachteten Eduard Schaar und Richard Wagner die Brauerei, zwölf Jahre später ging sie in den alleinigen Besitz Richard Wagners über. Bald schon zählte die Rosenbrauerei zu den führenden Privatbrauereien Mitteldeutschlands. Nach einer Zwangsunterbrechung übernahm 1991 die Familie Wagner die Rosenbrauerei wieder, sanierte sie umfassend und eroberte sich mit ihren süffigen Bieren den thüringischen Markt zurück.

Brauerei: Rosenbrauerei Pößneck
Ort: Pößneck / Thüringen
Biertyp: untergäriges Pils
Alkoholgehalt: 4,8 %
Stammwürze: 11,5 %
Farbe: goldgelb
Besonderes: zahlreiche Auszeichnungen

Der Schwarzwald ist nicht nur eine der schönsten Urlaubsregionen Deutschlands, sondern auch die Heimat der **Brauerei Rothaus** und ihrer Biere.

Rothaus Pils Tannenzäpfle

Das beliebteste Bier aus Rothaus – ein Schluck Schwarzwald. Untergärige Hefe aus eigener Reinzucht vergärt das Rothaus Pils, bevor es rund vier Wochen in Ruhe reift. Dabei bildet das Pils seinen kräftigen und eleganten Geschmack und seine hohe Rezenz aus. Das besonders weiche Brauwasser kommt aus sieben eigenen Quellen, das Malz aus der Region, der Hopfen vom Bodensee.

Die Brauerei Rothaus ist die bekannteste regionale Brauerei im Schwarzwald und die höchstgelegene in Deutschland. 1791 durch das nahe gelegene Benediktinerkloster St. Blasien gegründet, gehört die Brauerei inzwischen dem Land Baden-Württemberg. Seit 1956 gibt es das Rothaus Pils Tannenzäpfle in der 0,33 Liter Flasche, deren Etikett ein Schwarzwaldmädel in Tracht ziert, umrahmt von Tannenzapfen. Inzwischen ist es auch weit über die Grenzen Baden-Württembergs hinaus bekannt. Vor allem in Deutschlands Großstädten hat das Bier Kult-Status.

Brauerei: Badische Staatsbrauerei Rothaus
Ort: Grafenhausen-Rothaus / Schwarzwald
Biertyp: untergäriges Pils
Alkoholgehalt: 5,1 %
Stammwürze: 12,4 %
Farbe: goldgelb
Besonderes: Pils mit Kult-Status

Brauerei: Rother Bräu, Bayerische Exportbierbrauerei
Ort: Roth vor der Rhön
Biertyp: unfiltriertes untergäriges Kellerbier
Alkoholgehalt: 4,7 %
Stammwürze: k.A.
Farbe: strohgold, naturtrüb
Besonderes: Öko-Bier mit Bio-Siegel

Rother Bräu Öko Urtrunk

Naturtrübes, unfiltriertes Kellerbier; eines von fünf Öko-Bieren von der Rother Bräu. Alle Öko-Biere werden mit Zutaten von heimischen und regionalen Landwirten hergestellt und stammen aus biologisch kontrolliertem Anbau. Das Brauwasser kommt direkt aus den Quellen der Rhön, den Hopfen bezieht die Privatbrauerei aus der fränkischen Schweiz vom Bio-Betrieb Friedrich aus Gräfenberg. Natürlich stammt auch dieser aus biologisch kontrolliertem Anbau. Das Malz kommt von der Mälzerei Rhön-Malz in Mellrichstadt, welche das Getreide von den Bio-Landwirten der Region kauft.

Gegründet 1788, ist Rother Bräu seit 1872 im Besitz der jetzigen Inhaberfamilie. Als fünfte Generation führen heute Xaver und Tobias Weydringer die Familienbrauerei im Biosphärenreservat Rhön. Ihre Firmenphilosophie: „Ein Bier muss schmecken. Und es sollte den eigenständigen Charakter seiner Herkunft, die geschmacklichen Vorlieben der Menschen seiner Heimat widerspiegeln."

Scherdel Premium Pilsner

Ein Premium Pilsner der Spitzenklasse: feinherber, harmonisch abgestimmter Pilsgeschmack mit betonter Hopfennote. Seine typisch hellgelbe Farbe wird im Glas durch sahnig-weißen Schaum gekrönt.

Scherdel Premium Pilsner ist eine von 13 Biersorten, die im Sudhaus der oberfränkischen Brauerei Scherdel eingebraut werden. Die Geschichte der Brauerei reicht bis 1831 zurück. Damals erhielt Georg Matthäus Scherdel die Erlaubnis zur Ausübung des Bäckerhandwerks. Bald darauf braute er sein erstes Bier in den Kommunbrauhäusern der Stadt Hof. Als deren Kapazitäten nicht mehr ausreichten, baute er neben die Felsenkeller sein eigenes Brauhaus. Mit der Einführung des Pilsners Scherdel Edelhell begann der Aufschwung der Brauerei. Für langjährige hervorragende Leistungen erhielt Scherdel 2013 neben Gold- und Silbermedaillen auch die DLG-Auszeichnung „Preis der Besten 2013" in Silber – eine Prämierung für langfristig konstante Brau-Qualität.

Brauerei: Scherdel Bier
Ort: Hof
Biertyp: untergäriges Pilsner
Alkoholgehalt: 4,7 %
Stammwürze: k.A.
Farbe: hellgelb
Besonderes: zahlreiche DLG-Auszeichnungen, u. a. „Preis der Besten 2013" in Silber

Schimpf Urtrüb

In der 0,33-Liter-Bügelflasche serviert, ist dieses Bier mit seiner hellgelben Farbe und leicht opalen Trübung ein unfiltriertes, besonders spritziges Geschmackserlebnis. Das Aroma ist edel und leicht süßlich. Die feine Restsüße verleiht dem milden Urtrüb seinen vollen Körper und lässt es im Abtrunk sanft ausklingen.

Die Kronenbrauerei Schimpf verwendet für alle ihre Biere ausschließlich den besten Tettnanger Hopfen und schwäbische Braugerste von Bauern aus der Region. Selbstverständlich werden alle Biere nach dem deutschen Reinheitsgebot von 1516 gebraut. „Doch das ist uns nicht genug", so die Familienbrauerei. Sie ist Mitglied bei „Die Brauer mit Leib und Seele". Mit „10 Grundsätzen für besseres Bier" haben sie sich auf Regeln festgelegt, die von jedem Brauer konsequent eingehalten werden. 2012 wurde Schimpf beim European Beer Star als schwäbische Brauerei Weltmeister in der bayerischen Königskategorie: Ihr Hefe-Weizen hell wurde mit einer Goldmedaille ausgezeichnet. Darüber hinaus erhielt das Kristall-Weizen die Silbermedaille.

Brauerei: Kronenbrauerei Alfred Schimpf
Ort: Neustetten / Baden-Württemberg
Biertyp: untergäriges Lagerbier
Alkoholgehalt: 5,2 %
Stammwürze: 12,7 %
Farbe: hellgelb, naturtrüb
Besonderes: edle, leicht süßliche regionale Bierspezialität

Brauerei: Brauerei Schlappeseppel
Ort: Großostheim / Unterfranken
Biertyp: unfiltriertes Landbier
Alkoholgehalt: 5,3 %
Stammwürze: 12,4 %
Farbe: kupferfarben
Besonderes: charaktervolles traditionelles Landbier

Schlappeseppel Landbier

Kupferfarbene, unfiltrierte, naturtrübe Bierspezialität mit vollmundigem, weich-harmonischem Antrunk. Im Abgang überrascht es mit einer ausgeprägten charaktervollen Note von frischen, röstigen Brotaromen. Dies ist ein Ergebnis der traditionellen Rezeptur und der Verwendung spezieller Malze. Das Landbier sollte entsprechend seinem rustikalen Charakter aus dem Krug oder dem bewährten 0,5-Liter-Willibecher genossen werden.

Schon der Name der Brauerei lässt auf eine lange Brautradition und Geschichte schließen: 1631, mitten im Dreißigjährigen Krieg, ging dem Heer von König Gustav von Schweden das Bier aus. Der Soldat Joseph Lögler, wegen einer Kriegsverletzung „der lahme Seppel" genannt, erhielt die Order, für seine Majestät Bier zu brauen. Als die Schweden abzogen, blieb Lögler seinem Metier treu – er wurde Brauer, und das Schlappeseppel war geboren.

Schloss Johannisburg in Aschaffenburg wurde während des Dreißigjährigen Kriegs von Gustav von Schweden eingenommen. Weil es dort kein Bier gab, ließ der König vom „lahmen Seppel" welches brauen – das **Schlappeseppel Landbier** war geboren.

Schlösser Alt

Düsseldorfer Bierkultur im besten Sinn. Seinen Namen verdankt das Altbier der Tatsache, dass es nach einem älteren Brauverfahren als andere Biere produziert wird. Das Alt stammt aus der Zeit, als es noch keine technischen Kühlverfahren gab und zur Herstellung von Bier obergärige Hefe verwendet wurde. 1873 gründete die Bäckerfamilie Schlösser die gleichnamige Brauerei, die inzwischen zur Radeberger Gruppe gehört. Sowohl das Schlösser Alt als auch das gleichnamige Brauhaus schrieben schnell Stadtgeschichte.

Das frisch-würzige Altbier wird bis heute nach dem Originalrezept gebraut: aus reinem Brauwasser, feinem Aromahopfen und mild gedarrtem Malz. Letzteres wird frisch geröstet und sorgt für die bernsteinfarbene Optik der Bierspezialität. Seinen vollen Geschmack entfaltet das Altbier am besten bei einer Trinktemperatur zwischen 6 und 8 °C.

Wenige Schritte von der ehemaligen Hausbrauerei entfernt eröffnete 2009 das Schlösser Quartier Bohème, ein Treffpunkt rheinischer Lebensfreude.

Brauerei: Brauerei Schlösser
Ort: Düsseldorf
Biertyp: obergäriges Altbier
Alkoholgehalt: 4,8 %
Stammwürze: 11,5 %
Farbe: bernsteinfarben
Besonderes: nach Originalrezept gebraut

Schlössle Pils

Edelherbes Premium-Pils aus bestem Hallertauer und Tettnanger Aromahopfen, gebraut in der Schlossbrauerei zu Schmieheim. Lange, kalte Lagerung und traditionelle Gärführung bei Temperaturen unter dem Gefrierpunkt garantieren den frischen Geschmack.

1843 erhielt der Brauereigründer Georg Stöckle die Erlaubnis, Bier zu brauen und auszuschenken. Keine leichtes Unterfangen inmitten einer gesegneten Weingegend. Doch Geschmack und Qualität seines Biers setzten sich durch. Heute wie damals steht die mittelständische Regionalbrauerei für ein Stück Heimat. Weitere Bierspezialitäten der Schlossbrauerei sind Hieronymus Pils und Hieronymus Hefe-Weizen, Geroldsecker, das unfiltrierte Traditionsbier, Lager, ein feinwürziges, traditionell gebrautes Schankbier und die Weltneuheit Chrysanthus, ein feinwürziges, aromatisches Bier mit der blumigfrischen Note der Chrysantheme, die den edelherben Geschmack des süddeutschen Aromahopfens exotisch und leicht fruchtig ergänzt.

Brauerei: Schlossbrauerei Stöckle Schmieheim
Ort: Kippenheim-Schmieheim / Baden-Württemberg
Biertyp: untergäriges Pilsener
Alkoholgehalt: 4,6 %
Stammwürze: 11,7 %
Farbe: goldgelb
Besonderes: regionale Bierspezialität

Oben: Aus dem Familienalbum: Persönlichkeit zeichnet nicht nur das Bier, sondern auch die Gründerfamilie der **Brauerei Schmucker** aus.

Schmucker Meister Pils

Vollmundiges, weiches Pils mit angenehm hervortretender aromatischer Bittere. Pilsner-Malz und ausgesuchte Aromahopfen aus süddeutschen Anbaugebieten sind die Voraussetzung für dieses helle rezente Bier. Die Privat-Brauerei Schmucker charakterisiert es so: „Strahlendes Weißgold leuchtet aus dem Glas, darüber thront ein schneeweißes, welliges Haupt. Grasiger Duft zieht langsam hervor, es folgt ein sauberes Bild von hellem Malz. Am Gaumen verketten sich ein feinherber Antrunk mit einer kühlen Hopfenaromatik in eindrucksvoller Balance. Das Finale ist trocken und animierend."

Das Kerngebiet der Privat-Brauerei Schmucker ist das Rhein-Main-Neckar-Dreieck, der größte Absatz wird im Umkreis des Odenwalds erzielt. Einzigartig in dieser Region ist das vielfältige Sortiment der Brauerei: 18 Bierspezialitäten werden in Mossautal gebraut. Mit Liebe und Hingabe, traditionellen Produktionsmethoden und einem ausgeprägten Qualitäts- und Umweltbewusstsein.

Brauerei: Privat-Brauerei Schmucker
Ort: Mossautal / Odenwald
Biertyp: untergäriges Pils
Alkoholgehalt: 4,8 %
Stammwürze: k.A.
Farbe: hellgelb, glanzfein
Besonderes: „Goldener Preis 2010" der DLG

Unten: Die alte Flaschenabfüllanlage der **Brauerei Schmucker**, in der gewissenhafte Handarbeit gefragt war.

Brauerei: Klosterbrauerei Neuzelle
Ort: Neuzelle / Brandenburg
Biertyp: untergäriges Schwarzbier
Alkoholgehalt: 3,9 %
Stammwürze: 12 %
Farbe: tiefschwarz
Besonderes: nach alter Rezeptur gebraut

Schwarzer Abt

Tiefschwarz, angenehm malzig, rauchig, feinherb mit leichter Süße, gebraut nach einem Mönchsrezept von der Klosterbrauerei Neuzelle. Der Schwarze Abt geistert schon sagenhafte 500 Jahre durch die Köpfe der Menschen und begeistert Kehlen und Seelen. Leidenschaft und die überlieferte Braukunst der Mönche vermögen mehr, als Menschen zwischen Himmel und Erde erahnen können: Kenner schwärmen von diesem Schwarzbier, von der erlesenen Vielfalt der Aromen und der ausgewogenen Harmonie der Ingredienzien. „Das dunkle Geheimnis des himmlischen Geschmacks wird allerdings immer und ewig tiefschwarz bleiben, wenn Sie es nicht selbst lüften", versichert die Klosterbrauerei. 13 Jahre stritt sie mit den Behörden über den Zucker in ihrem Schwarzbier. So lange brauchte es, bis das Bundesverwaltungsgericht in Leipzig geklärt hatte, dass auch gezuckerter Gerstensaft die Bezeichnung „Bier" tragen darf.

Schwarzer Steiger

Bierspezialität in der Tradition der sächsischen Bergleute, gebraut mit erlesenen Rohstoffen und Original Dresdner Braukunst. Spezielle Malze geben dem Schwarzen Steiger seinen urigen, köstlichen Geschmack und seine dunkle Farbe.

Schwarzer Steiger ist eine Marke der Feldschlößchen AG, zu der auch die Marken Coschützer Pils, Dresdner Felsenkeller Pilsner und Dresdner Felsenkeller Urhell gehören. Die Aktienbrauerei blickt auf über 150-jährige Brautradition zurück. Sie ist heute eine der größten Braustätten Sachsens und die einzige Brauerei Dresdens. Im Mai 1838 kauften die Gebrüder Meisl ein beliebtes Ausflugslokal an der südlichen Stadtgrenze Dresdens und erbauten dort eine Lagerbierbrauerei. 20 Jahre später wurde die „Aktienbrauerei zum Feldschlößchen" gegründet. 1960 erfolgte der Zusammenschluss der einzelnen Brauereien Dresdens zu dem VEB Dresdner Brauereien, der späteren Sächsischen Brau-Union. 1995 wurde sie in Feldschlößchen Aktiengesellschaft umbenannt.

Die **Klosterbrauerei Neuzelle** ist die letzte noch produzierende Klosterbrauerei im Land Brandenburg.

Spaten Münchner Hell

Glänzendes Goldgelb, feinporige Schaumkrone, frisches, feinwürziges Aroma, malzig und leicht mit herbem Ausklang. Münchner Hell ist die Spezialität der Spaten Brauerei. Gegründet 1397, ist sie mit über 600 Jahren Brautradition die älteste noch existierende Braustätte der bayerischen Landeshauptstadt. Als erste Münchner Brauerei stellte Spaten 1894 helles Bier nach Pilsener Art her. Es war zunächst für den Export nach Norddeutschland bestimmt, doch ein Jahr später brachte Spaten auch in München das Münchner Hell auf den Markt. Die anderen Brauereien zogen nach. Münchner Hell wird für Bierfreunde in aller Welt ein Begriff.

„Lass dir raten, trinke Spaten". Die Spaten Brauerei ist eine der erfolgreichsten Brauereien Deutschlands, tief verwurzelt in der Tradition der Bierstadt München und doch modern und dynamisch. Sie hat entscheidend dazu beigetragen, dass deutsches Bier weltweit einen hervorragenden Ruf genießt. Inzwischen gehört die Traditionsbrauerei zu Anheuser-Busch InBev.

Brauerei: Spaten Brauerei
Ort: München
Biertyp: untergäriges Helles
Alkoholgehalt: 5,2 %
Stammwürze: 11,8 %
Farbe: goldgelb
Besonderes: das Münchner Original

Brauerei: Feldschlößchen Aktiengesellschaft
Ort: Dresden-Coschütz
Biertyp: untergäriges Schwarzbier
Alkoholgehalt: 4,8 %
Stammwürze: ca. 11,2 %
Farbe: dunkel
Besonderes: gebraut in der Tradition sächsischer Bergleute

Aus Dresden kommt die Schwarzbierspezialität **Schwarzer Steiger**. Das Foto zeigt die Frauenkirche.

Spezial Rauchbier Lager

Bernsteinfarbenes Bier mit feinem, mildem Rauchgeschmack, das auch Skeptiker überzeugt. Früher wurde das gekeimte, getrocknete Braugetreide über dem offenen Feuer getrocknet (gedarrt); der dabei entstehende Rauch verlieh dem Malz ein charakteristisches Aroma. In Bamberg ist diese Brautradition noch heute lebendig.

Die Brauerei Spezial gehört zu den wenigen Brauereien, die ihr Malz noch selbst herstellen. Dabei achtet sie darauf, dass nur Gerste aus biologischem Anbau aus der oberfränkischen Region für das Rauchmalz verwendet wird. Die Malzdarre (Trocknung) wird noch „von Hand" mit reinem Buchenholz befeuert. Der Hopfen für Spezial Rauchbier stammt ausschließlich aus kontrolliertem Vertragsanbau. Das Sortiment der Brauerei umfasst dunkles Märzen, obergäriges, flaschenvergorenes Weißbier und als Saisonspezialität im Winter Bockbier. Dazu kommt das Ungespundete, die einzige Biersorte, die ohne Verwendung von Rauchmalz gebraut wird.

Oben: Seit über 460 Jahren wird am ehemaligen Steinweg, einer alten, früher wichtigen Handelsstraße, das bekannte Bamberger **Spezial Rauchbier** gebraut.

Brauerei: Brauerei Spezial
Ort: Bamberg
Biertyp: untergäriges Lager / Export
Alkoholgehalt: 4,7 %
Stammwürze: 12 %
Farbe: bernsteinfarben
Besonderes: feiner, milder Rauchgeschmack

Unten: Die historische Aufnahme zeigt eine Pferdekutsche mit geschmücktem Bierfass vor der **Brauerei Spezial** in Bamberg.

Speziator Doppelbock Hell

Klassischer Doppelbock – dunkel und stark mit hoher Stammwürze. Samtiger, süffig-vollmundiger Geschmack, der mit dezentem Karamellaroma schmeichelt; die Hopfennote tritt zurück. Dazu cremiger Schaum, der steht wie Eischnee, und wuchtiger Geruch. Ursprünglich wurde der Doppelbock vom Augsburger Brauhaus Riegele nur für die kalten Monate des Jahres gebraut. Heute gilt er als ganzjähriger Klassiker, der gerne als Digestif mit würzig-kräftigem Käse genossen wird. Speziator ist eine von 13 Bierspezialitäten der Brauerei S. Riegele.

1884 erwarb Sebastian Riegele eine traditionsreiche Braustätte, deren Geschichte bis ins Jahr 1386 zurückreicht, und baute sie kontinuierlich aus. Heute ist Riegele eine erfolgreiche Spezialitätenbrauerei mit eigener Mineralwasserquelle und die größte Privatbrauerei Augsburgs. Bewährtes zu bewahren und Offenheit gegenüber dem Neuen – das ist die Leitidee des Brauhauses, die inzwischen in der fünften Generation von der Familie betrieben wird. Der Charakter der Riegele-Biere steht dafür.

Brauerei: Brauerei S. Riegele
Ort: Augsburg
Biertyp: untergäriger Doppelbock
Alkoholgehalt: 7,5 %
Stammwürze: über 19 %
Farbe: dunkel
Besonderes: ganzjähriger Klassiker

Gediegene Gemütlichkeit, verbunden mit allem, was das Biertrinkerherz begehrt, findet man im Brauhaus der **Spreewälder Privatbrauerei 1788**.

Brauerei: Spreewälder Privatbrauerei 1788
Ort: Schlepzig / Spreewald
Biertyp: untergäriges Pils
Alkoholgehalt: k.A.
Stammwürze: k.A.
Farbe: goldgelb
Besonderes: handgebraut

Spreewälder Pils

Biergenuss in Perfektion aus Brandenburg: goldgelbes untergäriges Pils aus der Spreewälder Privatbrauerei 1788. Das Dorf Schlepzig, schon 1004 urkundlich erwähnt, liegt im Herzen des Spreewald-Biosphärenreservats direkt an der Hauptspree. Es ist die Heimat der Spreewälder Privatbrauerei 1788, die fünf charaktervolle Bierspezialitäten herstellt: Spreewälder Pils, Spreewälder Dunkel, Spreelator Doppelbock, Zwickel und Weizen – handgebraut und natürlich ohne Konservierung. „Auf Wunsch", so die Brauerei, „macht unser Bräu eine Führung durch sein Reich und zwickelt den Besuchern das frischeste Bier ab." Ab einer Mindestmenge von 15 Litern braut die Spreewälder Privatbrauerei auch individuelle Bierspezialitäten.

Die Chronik der Brauerei: Im Jahr 1788 wurde der Gasthof mit Brenn-, Brau- und Schankrecht erbaut. 200 Jahre lang war er in Familienbesitz, bis er kurz vor der Wende verkauft wurde. 1998 ließ man die alten Traditionen neu aufleben; seither wird in Schlepzig wieder gebraut.

Brauerei: Bayerische Löwenbrauerei Franz Stockbauer
Ort: Passau
Biertyp: obergäriges naturtrübes Weißbier / Weizen
Alkoholgehalt: 5,4 %
Stammwürze: 12,7 %
Farbe: bernsteinfarben
Besonderes: spezielle Hefe für mildwürzigen Geschmack und fruchtige Aromen

Stockbauer Weisse Original

Fruchtig im Aroma, mildwürzig im Geschmack, mit herrlicher Bernsteinfarbe. Die Stockbauer Weisse wird im neuen Sudhaus nach traditionellem Herstellungsverfahren mit ausgewähltem Gersten- und Weizenmalz, Hallertauer Aromahopfen und weichem Brauwasser eingebraut und naturtrüb abgefüllt. Die obergärige Hefe aus eigener Reinzucht zeichnet für die Hauptgärung und die Nachgärung in der Flasche verantwortlich. Diese spezielle Hefe verleiht der Stockbauer Weissen ihren mildwürzigen Geschmack und das typisch fruchtige Aroma.

„Drei Flüsse. Zwei Löwen. Ein Bier. Geboren im Herzen von Passau." Im Jahr 1874 eröffnete Franz Stockbauer in der Bräugasse eine Braustätte, die sich so erfolgreich entwickelte, dass er schon bald den Geschäftssitz vor die Tore der Stadt verlegen musste. Inzwischen ist die Löwenbrauerei wieder im Stadtzentrum. Ihr Leitspruch: „Geschmack und Herzhaftigkeit überzeugen heute so wie damals, als in Niederbayern im Zeichen der zwei Löwen das Brauen seinen Anfang nahm."

Störtebeker Schwarz-Bier

Samtweich-röstiger Geschmack, karamell-malzfarbiger Schaum, mattschwarze Farbe, dezenter Duft nach Kaffee und Bitterschokolade – das Schwarzbier der Hansestadt. Milde Hopfung der Hopfensorten Perle und Magnum lassen die weichen Röstaromen in den Vordergrund treten. Dunkles Malz, Cara- und Röstmalze verleihen dem Bier seinen Röstgeschmack sowie seinen Duft. Lange kalte Gärung mit untergäriger Hefe gibt dem Bier die milde Gärungskohlensäure und das malzaromatische samtweiche Mundgefühl.

Mit über 800 Jahren Brautradition in der Hansestadt Stralsund fühlt sich die Störtebeker Braumanufaktur dem handwerklichen Brauen verpflichtet. Als freie Privatbrauerei ist sie ein regional verwurzeltes Familienunternehmen. 2010 fand die Neuausrichtung von der Brauerei zur Braumanufaktur statt. Heute braut Störtebeker eine große Sortenvielfalt in Spitzenqualität nach hanseatischer Brautradition und alten Rezepturen.

Brauerei: Störtebeker Braumanufaktur
Ort: Stralsund
Biertyp: untergäriges Schwarzbier
Alkoholgehalt: 5 %
Stammwürze: 12,5 %
Farbe: mattschwarz
Besonderes: schmeckt am besten bei 16 °C Trinktemperatur

Stuttgarter Hofbräu Herren Pils

„Fürs Leben gern ein Stuttgarter" lautet die Werbebotschaft der Stuttgarter Hofbräu. Ihr Herren Pils schmeckt herb-frisch und besticht durch sein besonderes Hopfenaroma. Es ist eine von neun Bierspezialitäten.

Die moderne Traditionsbrauerei im Herzen von Stuttgart gehört zu den großen Brauereien in Baden-Württemberg. Ihre Stärke: Markenkompetenz, Sortenvielfalt und herausragende Qualität. Die Brauerei verwendet ausschließlich natürliche und nach Möglichkeit regionale Rohstoffe – Ausdruck ihres Qualitätsanspruchs und ihrer Verbundenheit mit der Region. „Umweltschutz wird bei Stuttgarter Hofbräu noch weit über die Tore der Brauerei hinausgetragen" erklärt das Unternehmen. Deshalb fördert die Stuttgarter-Hofbräu-Umweltstiftung den Natur- und Landschaftsschutz in Baden-Württemberg. Darüber hinaus sponsert sie zahlreiche Aktivitäten im sportlichen und kulturellen Bereich. Veranstaltungen wie das Frühlingsfest und das Cannstatter Volksfest auf dem Wasen sind jährlich die großen Hofbräu-Events.

Brauerei: Stuttgarter Hofbräu
Ort: Stuttgart
Biertyp: untergäriges Pils
Alkoholgehalt: 4,6 %
Stammwürze: 11,2 %
Farbe: goldgelb
Besonderes: herb-frischer Biergenuss

Historische Aufnahmen von einem Festzug mit einem prächtig geschmückten Pferdegespann der **Stuttgarter Hofbräu**.

Tegernseer Spezial

Typisch bayerisches würziges Exportbier mit wunderbarer Malznote, sehr charaktervoll, bekömmlich, süffig und abgerundet im Geschmack. Gebraut aus kristallklarem Gebirgswasser und ausgesuchten Rohstoffen. Tegernseer Spezial ist eine der vier klassischen bayerischen Biersorten, die im Brauhaus Tegernsee nach alten Rezepturen handwerklich gebraut werden. Am besten schmeckt es frisch gezapft im historischen Herzoglichen Bräustüberl Tegernsee.

Gegründet wurde das Brauhaus 746 als Braustätte des Benediktinerklosters am Tegernsee. Nach der Säkularisation kaufte König Max das Kloster samt Brauerei. Inzwischen umbenannt in Herzoglich Bayerisches Brauhaus Tegernsee, ist sie bis heute im Besitz der Wittelsbacher. Das Brauhaus ist Mitglied im „Brauring", einer Kooperationsgesellschaft privater Brauereien, die sich von Massen- und Billigbieren distanzieren will. Das seit der Gründung der Kooperation eingesetzte Brauring-Qualitätssiegel ist die einzige Qualitätsauszeichnung der Bierbranche, die nur von mittelständischen Privatbrauereien verwendet wird.

Brauerei: Herzoglich Bayerisches Brauhaus Tegernsee
Ort: Tegernsee
Biertyp: untergäriges Export
Alkoholgehalt: 5,6 %
Stammwürze: 13,3 %
Farbe: hellgelb
Besonderes: bayerisches Kult-Bier

Brauerei: Schlossbrauerei Herrngiersdorf
Ort: Herrngiersdorf / Niederbayern
Biertyp: untergäriges Pils
Alkoholgehalt: 5,2 %
Stammwürze: k.A.
Farbe: hell goldgelb
Besonderes: gebraut in der ältesten Privatbrauerei der Welt

Trausnitz Pils

Hell goldgelb mit malzig-blumigem Antrunk und angenehmer Herbe im Nachhall begeistert dieses Bier gleichermaßen Pils-Liebhaber und Kenner. Trausnitz Pils aus der Schlossbrauerei Herrngiersdorf ist „ein Stück Heimat". Schonend gedarrtes helles Malz aus feinsten Braugersten und ein erhöhter Hopfengehalt verleihen dem Bier seinen besonderen Geschmack.

Die Schlossbrauerei Herrngiersdorf pflegt seit 1131 die bayerische Brautradition. Als älteste Privatbrauerei der Welt vereint sie Erfahrung und Tradition mit modernster Technik und Braukunst auf höchstem Niveau. Besonderen Wert legt die Schlossbrauerei auf auserlesene Rohstoffe: „Heimische Braugerste, feinster Hallertauer Aromahopfen und Wasser aus dem eigenen Brunnen sowie feinste Reinzuchthefe. Kupferne Sudkessel, offene Gärbottiche und die lange Ausreifung im hauseigenen Gewölbekeller schaffen ein unnachahmliches Geschmackserlebnis."

Uerige Alt

Dat leckere Dröppke" aus der Düsseldorfer Altstadt. Uerige Alt ist das an Bitterstoffen reichste Bier Deutschlands. Trotzdem – oder gerade darum – ist das legendäre Altbier so vollmundig, aromatisch und bekömmlich. Gebraut wird es aus Gerstenmalz, Karamellmalz, Röstmalz, Doldenhopfen, Wasser – und mit der ganz besonderen Uerige-Hefe. „Unser Hefestamm", so die Brauerei, „liegt sicher behütet und sorgsam gepflegt in der Hefebank der Technischen Universität München / Weihenstephan." Sie wird jedes Jahr frisch eingesetzt.

Die Obergärige Hausbrauerei Uerige braut ihre Altbierspezialität seit 1862. Dennoch ist sie kein Museum, sondern ein überaus modernes Lebensmittelunternehmen. Hier wird ein Handwerk mit jahrhundertealter Tradition betrieben. Selbstverständlich gilt das Reinheitsgebot aus dem Jahr 1516, das so gut und nachhaltig wirkt, weil es auf die Natur vertraut. Das aus feinsten natürlichen Zutaten gebraute Alt wird regelmäßig unter die besten Biere Deutschlands gewählt.

Brauerei: Obergärige Hausbrauerei
Ort: Düsseldorf
Biertyp: obergäriges Alt
Alkoholgehalt: 4,7 %
Stammwürze: ca. 12 %
Farbe: kuperfarben
Besonderes: das an Bitterstoffen reichste Bier Deutschlands

Oben: Der schönste Platz ist an der Theke. Vor allem, wenn die Theke in der bekannten Hausbrauerei **Zum Uerige** in Düsseldorf steht.

Unten: Direkt ans Rheinufer grenzt die **Düsseldorfer Altstadt**, die als „längste Theke der Welt“ gilt, weil sich hier so viele Bierlokale, Imbissrestaurants und Gaststätten hier angesiedelt haben.

Ulrichsbier

Bernsteinfarbenes, leicht malzaromatisches Spezialbier mit milder Hopfennote. Seit 1911 wird im Brauereihof der Berg Brauerei Ulrich Zimmermann das St. Ulrichsfest gefeiert und ein eigens für diesen Tag eingebrautes Bier ausgeschenkt. Dieses „Braunbier“ ist ein goldenes Spezialbier nach dem Sudverfahren der guten alten Zeit. Lange und kalt gelagert, reift es behutsam nach handwerklicher Braukunst.

Die Geschichte der Berg Brauerei geht zurück bis in das Jahr 1466; seit 1757 ist sie in Familienbesitz. Sie gehört zu den kleineren Brauereien in Deutschland, aber: „Auf dieses Kleinsein sind wir stolz, denn es ermöglicht uns, eine klassische Brauweise für feine Biersorten zu pflegen.“ Gebraut wird ausschließlich mit Braugetreide, das in der Nachbarschaft wächst und gedroschen wird. 36 Landwirte in der näheren Umgebung liefern die Braugerste. Ausnahmen sind Spezialbiere wie Schäfleshimmel und 3-Korn Hefeweizen, die mit Öko-Rohstoffen gebraut werden.

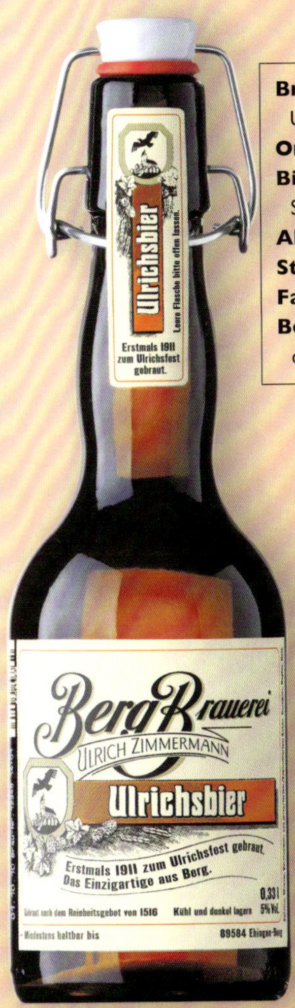

Brauerei: Berg Brauerei Ulrich Zimmermann
Ort: Ehingen-Berg
Biertyp: untergäriges Spezialbier
Alkoholgehalt: 5,3 %
Stammwürze: 12,7 %
Farbe: bernsteinfarben
Besonderes: sechs Wochen bei 0 °C gelagert

Unertl Weissbier

Wir machen nur eins – aber das dafür g'scheit" ist der Wahlspruch der Unertl Brauerei im oberbayerischen Haag. Ihre Weißbierspezialitäten werden weder kurzerhitzt noch pasteurisiert. Durch eine besonders schonende Flaschengärung entwickelt das Unertl Weissbier seinen typischen runden Geschmack. Es wird in der original Bügelflasche abgefüllt, die bei Unertl „Maurer-Flasche" heißt; sie ist der Urtyp der Ploppflasche.

Unertl ist ein privat geführter Familienbetrieb, der Beständigkeit, Tradition und Qualität garantiert. Das beginnt bei der Auswahl der Rohstoffe und setzt sich in einem speziellen Brauvorgang fort. So verwendet die Brauerei statt der vorgeschriebenen 50 Prozent über 70 Prozent Weizenmalz aus kontrolliertem Vertragsanbau. Durch die offene Gärung und den extrem hohen Weizenmalzanteil entsteht das süffig-malzige Aroma, das dieses Bier für viele Weißbiertrinker einzigartig macht.

Brauerei: Unertl Weißbier
Ort: Haag / Oberbayern.
Biertyp: obergäriges Weißbier / Weizenbier
Alkoholgehalt: 4,9 %
Stammwürze: 11 %
Farbe: bernsteinfarben
Besonderes: traditioneller Weißbiergenuss in der Bügelflasche

Brauerei: Gräfliches Hofbrauhaus Freising
Ort: Freising
Biertyp: untergäriges Helles
Alkoholgehalt: 4,9 %
Stammwürze: 11,4 %
Farbe: goldgelb
Besonderes: feinwürzig und bekömmlich

Urhell

Helles, feinwürziges, mild gehopftes Vollbier, das wegen seiner Bekömmlichkeit immer mehr an Beliebtheit gewinnt. Gebraut wird das untergärige Bier im Hofbrauhaus Freising.

Die Brauerei wurde bereits im Jahr 1160 unter Bischof Albert von Freising erwähnt. Damals ließen die Freisinger Fürstbischöfe ihr Bier direkt auf dem Domplatz brauen – daher der Name „Hofbrauhaus". Nach der Säkularisation ging die Brauerei in Privathand über. 1911/12 wurde sie am heutigen Standort in der Stadtmitte von Freising neu errichtet. Zu dieser Zeit galt sie als die modernste Brauerei Deutschlands und diente weltweit als Vorbild für viele Brauereien. Seit Dezember 1998 ist das Hofbrauhaus Freising Eigentum der Bayerischen Graf zu Toerring-Jettenbach Brauereien. Neben sieben untergärigen Bieren stellt das Hofbrauhaus Freising sechs obergärige Weißbierspezialitäten her. Ergänzt wird das Sortiment durch die Marken Graf Ignaz und alkoholfreie Erfrischungsgetränke namens Karibik.

Gelebte Brauertradition. Die Familie Unertl führt mit Liebe, Leidenschaft und Traditionsbewusstsein die oberbayerische **Weißbierbrauerei Unertl** in Haag.

Urstrom Bier

Mild, süffig und vollmundig. Bernsteinfarben und naturtrüb, mit leichtem Hopfencharakter. Die unfiltrierte Bio-Bierspezialität der Privatbrauerei Sauer & Hartwig wird gebraut mit Hopfen und Malz aus kontrolliert-biologischem Anbau. Die Braugerste stammt von Bioland-Höfen aus der Region, der Bio-Hopfen kommt aus Tettnang und der Hallertau. Das Brauwasser ist besonders wertvoll: Es sickerte durch Sand- und Kiesschichten aus der Eiszeit Hunderte Meter tief ins Erdinnere. Natürlich gefiltert, sprudelt es heute aus holsteinischen Quellen – frei von Umweltbelastungen und natriumarm.

Die Privatbrauerei Sauer & Hartwig wurde 2011 gegründet. Bereits während der Schulzeit „lernte" Axel Hartwig bei Werner Sauer, der zu dem Zeitpunkt schon lange als Braumeister arbeitete, das Bierbrauen. Nach der Schulzeit folgten die Lehre, dann das Studium für Brauwesen in Weihenstephan und schließlich praktische Tätigkeiten in diversen Braubetrieben. Fast 20 Jahre später gründeten beide die gemeinsame Brauerei.

Brauerei: Privatbrauerei Sauer & Hartwig
Ort: Flensburg
Biertyp: naturtrübes untergäriges Vollbier
Alkoholgehalt: 5,5 %
Stammwürze: k.A.
Farbe: bernsteinfarben
Besonderes: das einzige Bio-Bier aus Schleswig-Holstein

Veltins Pilsener

Erfrischend anders. Leicht hopfenaromatisch mit kräftiger, pilstypischer Bittere, hellgelb und glanzklar mit feinporigem Schaum. Die Brauerei C. & A. Veltins verwendet zur Herstellung ihrer Produkte ausschließlich beste Zutaten. „Weiches Wasser, das aus den Quellen der umliegenden Berge von Grevenstein stammt, vollwertige Gerste aus ausgesuchtem Anbau, naturbelassener Hopfen und das bewährte Rezept nach Tradition – mehr braucht es nicht, um den einzigartigen Geschmack von frischem Veltins zu gewährleisten."

1824 gründete der Gastwirt Franz Kramer in Grevenstein eine kleine Landbrauerei. 1852 übernahm Clemens Veltins die Brauerei, die inzwischen in fünfter Generation von der Familie Veltins geführt wird. C. & A. Veltins ist heute eine der modernsten Privatbrauereien Europas, ihre Unternehmensgeschichte ist geprägt von Innovationsbereitschaft und höchstem Qualitätsanspruch. Seit 1926 stellt die Brauerei nur noch Bier nach Pilsener Brauart her. 2001 erweiterte sie ihr Sortiment um Biermischgetränke, 2012 startete sie die neue Produktlinie Veltins Fassbrause.

Brauerei: C. & A. Veltins
Ort: Meschede-Grevenstein
Biertyp: untergäriges Pils
Alkoholgehalt: 4,8 %
Stammwürze: 11 %
Farbe: hellgelb
Besonderes: gebraut mit weichem Quellwasser

Waldhaus Diplom Pils

Hopfenbetontes, herbes untergäriges Pils mit feiner Bittere, hellgelb mit brillantem Glanz. Gebraut wird es aus reinstem Wasser aus dem Naturgestein des Naturparks Südschwarzwald und Gerstenmalz aus integriert-kontrolliertem Anbau. Die Privatbrauerei Waldhaus verwendet ausschließlich naturbelassene Aromahopfendolden – nur noch zwei Prozent aller deutschen Brauereien leisten sich diese Besonderheit. Sorgfalt, die sich lohnt: Das Waldhaus Diplom Pils wurde vierzehn Mal in Folge mit Gold ausgezeichnet – das ist weltweit einmalig. Insgesamt wurden Waldhaus-Premium-Bieren in den letzten Jahren nicht weniger als 174 Medaillen von der Deutschen Landwirtschafts-Gesellschaft (DLG) verliehen – darunter 93 Mal Gold.

Die 1833 gegründete Privatbrauerei Waldhaus gehört zu den kleinen Brauereien in Deutschland. Dass sich aber auch kleine regionale Anbieter durch eine konsequente und faire Firmenpolitik erfolgreich auf einem schrumpfenden Markt behaupten können, beweist die Privatbrauerei mit Bravour.

Brauerei: Privatbrauerei Waldhaus Joh. Schmid
Ort: Waldhaus / Schwarzwald
Biertyp: untergäriges Pils
Alkoholgehalt: 4,9 %
Stammwürze: k. A.
Farbe: hellgelb
Besonderes: zahlreiche in- und ausländische Auszeichnungen

Warburger Helles

Bio-Qualität genießen. Warburger Helles ist die Verbindung eines milden Bierstils mit dem kernigen Geschmack der Bio-Gerste. Es steht für regional und nachhaltig erzeugte Rohstoffe, natürlich reines Brauwasser aus der Warburger Kuhlemühle und höchste Brauqualität mit der Erfahrung und Sorgfalt aus 300 Jahren Brauhandwerk in der Warburger Brauerei Kohlschein.

Die Warburger Brauerei gehört zu den kleineren Privatbraustätten in Deutschland. Im Jahr 1721 erwarb der Brauer Jobsten Kaulschien das Braurecht der Stadt Warburg. Heute führt die Familie in der zehnten Generation die unabhängige und selbstständige Regionalbrauerei. Ihre Philosophie: „Unser Anspruch ist die traditionell handwerkliche Herstellung von geschmacklich anspruchsvollen und bekömmlichen Bierspezialitäten. Unser Augenmerk liegt dabei auf dem Einsatz regionaler Rohstoffe und auf der umweltfreundlichen Produktion."

Brauerei: Warburger Brauerei Kohlschein
Ort: Warburg / Nordrhein-Westfalen
Biertyp: untergäriges Helles
Alkoholgehalt: 5 %
Stammwürze: 11,4 %
Farbe: hellgelb
Besonderes: regionales Bio-Bier

Am Fuß der Desenberg-Burgruine im Dreiländereck Nordrhein-Westfalen, Hessen und Niedersachsen liegt die ehemalige Hansestadt Warburg, aus das **Warburger Helle** kommt.

Hightech trifft Tradition: kupferner Sudkessel vor dem modernen Verwaltungsgebäude der **Warsteiner Brauerei**.

Warsteiner Premium Verum

Eine Königin unter den Bieren. Internationales Spitzenpilsener der Premiumklasse: Mildherber Geschmack mit der typischen und ausgewogenen mildhopfigen Warsteiner Bittere. Premium Verum, das Flaggschiff der Warsteiner Gruppe, zählt zu den beliebtesten Biermarken Deutschlands. Das Pils, das mit hochwertigen Rohstoffen und dem besonders weichen Wasser aus der hauseigenen Kaiserquelle gebraut wird, gibt es auch in der alkoholfreien Variante Warsteiner Alkoholfrei, als 100 Prozent natürliches Radler in den Geschmacksrichtungen Zitrone und Grapefruit sowie Warsteiner Radler Alkoholfrei. Vervollständigt wird das Warsteiner-Sortiment mit zwei Biermischgetränken in den Sorten Warsteiner Lemon und Cola sowie dem doppelt gehopften Warsteiner Herb.

Die Warsteiner Gruppe ist eines der führenden privaten Brauereiunternehmen Deutschlands, regional verwurzelt und international erfolgreich. Inzwischen zählen weltweit rund 120 Unternehmen dazu.

Brauerei: Warsteiner Brauerei Haus Cramer
Ort: Warstein
Biertyp: untergäriges Pils
Alkoholgehalt: 4,8 %
Stammwürze: 11,6 %
Farbe: goldgelb
Besonderes: internationales Spitzenpils

Weihenstephaner Original

Ein gutes Bier braucht seine Zeit. Die lange Lagerzeit macht das Weihenstephaner Original zu einem milden, süffigen Biergenuss. Bei geringer Bittere überzeugt das Helle durch seine Vollmundigkeit und sein leichtes Malzaroma. Gebraut wird es nach der Jahrhunderte währenden Biertradition am Weihenstephaner Berg.

Weihenstephan gilt als das „Mekka des Biers". Hoch auf dem Berg steht die Bayerische Staatsbrauerei Weihenstephan, die älteste noch bestehende Brauerei der Welt und das älteste Unternehmen Deutschlands. Stark in der Region – stark für die Region. Die Brauerei legt größten Wert auf höchste Qualitätsstandards und den Erhalt von bewährten Traditionen. Dennoch lassen sich die Braumeister neben den 13 klassischen Biersorten (davon fünf verschiedene Hefeweißbiere) immer wieder innovative Bierkonzepte einfallen. Wie beliebt ihre Biere weltweit sind, zeigen die zahlreichen internationalen Auszeichnungen.

Brauerei: Bayerische Staatsbrauerei Weihenstephan
Ort: Freising
Biertyp: untergäriges Helles
Alkoholgehalt: 5,1 %
Stammwürze: 11,6 %
Farbe: goldfarben
Besonderes: gebraut in der ältesten noch bestehenden Brauerei der Welt

Freising ist die Heimat der **Bayerischen Staatsbrauerei Weihenstephan**, die älteste noch bestehende Brauerei der Welt.

Weltenburger Kloster Barock Dunkel

„Das älteste Dunkel der Welt" – vollmundig, malzaromatisch und feinherb mit leichter Süße, in Geschmack und Duft intensiv, kräftig und packend. Gebraut wird die bernsteinfarbene Bierspezialität nur aus den besten Zutaten nach überlieferter klösterlicher Braukunst. Bis zu sechs Wochen reift das Bier im Felsenkeller und kann dabei seinen charakteristischen Geschmack entwickeln, der an die Eleganz der Barockzeit erinnert. Es wurde dreimal mit dem World Beer Cup Gold Award ausgezeichnet und erhielt die DLG-Prämierung „Goldener Preis 2012".

Die Klosterbrauerei Weltenburg ist die älteste Klosterbrauerei der Welt. Seit dem Jahr 1050 wird hier in der Tradition der Benediktinermönche Bier gebraut. In dem knappen Jahrtausend bis zum heutigen Tag wurde die klösterliche Bierherstellung nur durch die Säkularisation von 1803 bis 1846 unterbrochen. Seit 1846 ist sie wieder in klösterlicher Hand. Derzeit werden in Weltenburg neun Biersorten hergestellt, die durch saisonale Bierspezialitäten ergänzt werden.

Brauerei: Klosterbrauerei Weltenburg
Ort: Kelheim / Niederbayern
Biertyp: untergäriges dunkles Vollbier
Alkoholgehalt: 4,7 %
Stammwürze: 18 %
Farbe: bernsteinfarben
Besonderes: beim World Beer Cup mehrfach mit Gold ausgezeichnet

Idyllisch auf einer Halbinsel an der Donau liegt die **Klosteranlage Weltenburg** mit der berühmten Barockkirche der Brüder Asam.

Wernesgrüner Pils Legende

Beste Zutaten und eine über 577 Jahre alte Brautradition sind die Grundpfeiler dieses Biers. Im Jahr 1436 erhielten die Brüder Schorer im sächsischen Wernesgrün das Brau- und Schankrecht. Heute ist das Wernesgrüner Pils fast schon eine Legende.

Sein einzigartiger Geschmack basiert auf der Verwendung von erlesenem Qualitätshopfen, ausgewählten Malzen und naturbelassenem, kristallklarem Wasser aus den Höhen des Naturparks Erzgebirge-Vogtland. Die Güte und Reinheit dieses Brauwassers verleihen dem Bier seinen weichen, vornehmen und gleichzeitig dezent hopfenherben Charakter. Herausragende Merkmale des Premium-Pils sind neben der betont hellen und klaren Farbe die erfrischend spritzige Rezenz sowie eine dezente Hopfennote in Verbindung mit einer harmonischen Bittere.

Wieninger Helles

Naturbelassenes, nicht pasteurisiertes Bio-Bier. Feinwürzig im Geschmack, mild im Nachtrunk, süffig im Charakter, hell und blank im Aussehen, absolut rein im Geruch. Bekömmlich und ausgewogen, mit reinem Quellwasser nach traditionellem bayerischen Brauverfahren würzig gebraut und in Lagerkellern tief unter der Erde in Ruhe gereift.

Die Heimat der mittelständischen Privatbrauerei M. C. Wieninger ist die Marktgemeinde Teisendorf im Berchtesgadener Land. 1813 erwarb Philipp Wieninger die Brauerei, die bis heute in Familienbesitz ist. „Wir bei Wieninger stehen für Qualität, Leistungsfähigkeit, Fairness, Tradition und Lebensfreude. Miteinander und füreinander zum Erfolg", so die regional orientierte Familienbrauerei. Sie braut in handwerklicher Tradition, alle Biere sind naturbelassen und nicht pasteurisiert. 2012 wurde die Brauerei von der DLG mit dem „Preis der Besten" in Gold für 15 Jahre überdurchschnittlichen Qualitätsstandard ausgezeichnet.

Brauerei: Privatbrauerei M. C. Wieninger
Ort: Teisendorf / Oberbayern
Biertyp: untergäriges naturbelassenes Helles
Alkoholgehalt: 5 %
Stammwürze: 11,4 %
Farbe: hellgelb
Besonderes: DLG- Prämierung „Preis der Besten" in Gold

Brauerei: Wernesgrüner Brauerei
Ort: Steinberg-Wernesgrün / Sachsen
Biertyp: untergäriges Pils
Alkoholgehalt: 4,9 %
Stammwürze: 11,3 %
Farbe: kristallklares Goldgelb
Besonderes: fast 600 Jahre Brautradition

Landshut ist der Sitz der **Brauerei Wittmann**. Das Foto zeigt Burg Trausnitz.

Brauerei: Winkler Bräu
Ort: Velburg / Lengenfeld
Biertyp: untergäriges Spezialbier
Alkoholgehalt: 5,4 %
Stammwürze: 13,8 %
Farbe: kupfer
Besonderes: traditionell von Hand gebraut

Winkler Bräu Kupfer Spezial

„Dunkles Gold" nennt Winkler Bräu das Bierschmankerl, das erstmals 1975 eingebraut wurde. Seidig glänzend wie gereiftes Kupfer, feinherb-malzig im Aroma und harmonisch ausgeglichen im Trunk überzeugt es seither verwöhnte Bierkenner und Gelegenheitsgenießer gleichermaßen, ist es doch ein sanftes Bier mit rustikalem Charakter und vollmundig-herber Note. „Anderswo mag man Bier gegen den Durst trinken, aber das Kupfer Spezial sollte man mit jedem einzelnen Schluck genießen", empfiehlt die Brauerei. Durch die lange, kalte Reifung vereinen sich die Süße des Malzes, die Weiche des quellfrischen Brauwassers sowie die zarte Bittere des Hopfens zu einem einzigartigen Geschmack.

„Seit 1628 aus Tradition glänzend im Geschmack" ist der Leitspruch der Privatbrauerei Winkler. Deshalb verwendet sie für ihre von Hand gebrauten Bierbesonderheiten nur ausgewählte Zutaten aus dem regionalen Umfeld. Mit klarem Quellwasser aus der Lengenfelder Flur werden Hopfen und Malz taufrisch verarbeitet.

Wittinger Premium

Feinwürzig herb und glanzhell – Wittinger Premium mit seinem typischen Pils-Charakter ist ein Genuss für Bierkenner. Der Hallertauer Aromahopfen gibt dem Bier die feine, würzige Herbe und lässt es dank der besonderen Rezeptur vollmundig und bierig schmecken. Das naturbelassene weiche Brauwasser aus dem eigenen Tiefbrunnen verleiht dem untergärigen Bier, das nach dem deutschen Reinheitsgebot von 1516 gebraut wird, seinen besonderen Charakter.

Die Brauerei Wittingen, deren Wurzeln fest in der Region Wittingen verankert sind, ist im norddeutschen Raum eine der wenigen noch privat geführten Brauereien. Seit 1429 befinden sich die Braurechte im Familienbesitz. Heute bietet der regional ausgerichtete Betrieb mit jahrhundertealter Brautradition acht Bierspezialitäten an, hergestellt aus erstklassigen Rohstoffen kontrollierter Erzeuger. Es ist für die Brauerei selbstverständlich, dass für ihre Biere keine gentechnisch veränderten Rohstoffe verwendet werden.

Brauerei: Privatbrauerei Wittingen
Ort: Wittingen
Biertyp: untergäriges Pils
Alkoholgehalt: 4,9 %
Stammwürze: 11,6 %
Farbe: goldgelb
Besonderes: handwerklich gebraute regionale Bierspezialität

Brauerei: Brauerei C. Wittmann
Ort: Landshut
Biertyp: untergäriges Helles
Alkoholgehalt: 4,9 %
Stammwürze: 11,5 %
Farbe: goldgelb
Besonderes: DLG-Prämierung „Preis der Besten" in Gold 2012"

Wittmann Urhell

Voll ausgereift, feinwürzig frisch – für alle, die Heimat, altbayerische Tradition und Lebensart genießen wollen. Im Glas zeigt sich das Urhell mit einer frischen goldenen Farbe und einer großporigen schönen Schaumkrone. Nach dem ersten Schluck bleibt ein runder Gesamteindruck, der im Detail eine feine Süße im Antrunk erkennen lässt, in die eine Brotnote sowie grüne Fruchtnoten sehr gut eingebunden sind.

Die Privatbrauerei C. Wittmann ist aus den zwei kleinen Landshuter Braustätten „Zum Heiß" und „Zum Dräxlmeir" entstanden. Ihre Brautradition lässt sich bis ins Jahr 1616 zurückverfolgen. Heute gehört das mittelständische Unternehmen, das sich seit fünf Generationen in Familienbesitz befindet, zu den bedeutendsten Privatbrauereien Bayerns. Sein Erfolg beruht auf besten Rohstoffen, handwerklicher Braukunst und moderner Brautechnik. 2012 wurde die Brauerei von der DLG mit dem „Preis der Besten" in Gold für 15 Jahre überdurchschnittlichen Qualitätsstandard ausgezeichnet.

Wolferstetter Urtyp Export Hell

Mildes, süffiges helles Vollbier, gebraut nach altbayerischer Braukunst. Ein klassisches Exportbier, goldgelb in der Farbe, aromatisch und harmonisch im Geschmack. „Ausgereift und voller Würze, wie es uns die alten Meister lehrten." Rund acht Wochen dauert es, bis Wolferstetter Biere nach traditioneller, kalter Gärung sowie nach langer Lagerzeit von der Brauerei in Tank oder Flasche abgefüllt werden.

1842 holte das Bürgerliche Brauhaus in Pilsen den Vilshofener Braumeister Josef Groll in die böhmische Stadt, der dort das erste Pilsener braute. Ein Teil der damaligen Groll'schen Brauerei, aus der der Schöpfer des weltberühmten Pilsener Biers hervorgegangen war, verschmolz mit der heutigen Brauerei Wolferstetter. Seit 1907 pflegt die Familie mit ihren Qualitätsbieren das Erbe des Begründers des Pilseners. 2012 wurde die Brauerei von der DLG mit dem „Preis der Besten" in Gold für 15 Jahre überdurchschnittlichen Qualitätsstandard ausgezeichnet.

Brauerei: Brauerei Wolferstetter Georg Huber
Ort: Vilshofen
Biertyp: untergäriges Helles / Export
Alkoholgehalt: 5,1 %
Stammwürze: 12 %
Farbe: goldgelb
Besonderes: DLG-Prämierung „Preis der Besten" in Gold 2012

Brauerei: Hofbrauhaus Wolters
Ort: Braunschweig
Biertyp: untergäriges Pils
Alkoholgehalt: 4,9 %
Stammwürze: 11,2–11,4 %
Farbe: goldgelb
Besonderes: betont edelherbe Hopfennote

Wolters Pilsener Premium

Unverwechselbarer edelherber Geschmack, der höchsten Ansprüchen genügt. Eines der besten Pilsbiere Niedersachsens mit ausgesprochen edelherber Hopfennote. Vier lange Wochen reift es zu einem sehr aromatischen Pils heran, das sich neben seinem unverwechselbaren Geschmack durch seine feinperlige Kohlensäure auszeichnet. Wolters Pilsener Premium wird nach einem über viele Jahrzehnte überlieferten und streng gehüteten Rezept hergestellt.

1627 war die Geburtsstunde des Hofbrauhauses Wolters. Zacharias Boiling erwarb die „Braugerechtsame" und braute fortan Bier nicht nur für den Eigenbedarf, sondern auch zum Verkauf. 1734 wurde der Name Wolters erstmals in der Brauerei-Chonik erwähnt, und von da an bestimmten sechs Generationen der Familie Wolters die Geschicke des renommierten Brauhauses, das 1882 die Auszeichnung Herzogliches Hofbrauhaus erhielt. Die regional geprägte Privatbrauerei vereint bis heute norddeutsche Braukunst, handwerkliches Können und modernste Brautechnologie.

Seit 1627 braut das **Hofbrauhaus Wolters** in Braunschweig – hier ein Blick auf die Innenstadt mit Dom, Rathaus und Fachwerkhäusern – ihr Bier.

Würzburger Hofbräu Export

Dieses helle untergärige Vollbier kommt relativ sanft daher. Sein malzbetonter Körper ist vollmundig und leicht süßlich, der Schaum besonders feinporig. Beim Bierbrauen in der Würzburger Hofbräu gelangen nur hochwertige Rohstoffe in den Brauprozess. Dazu gehören edelster Aroma- und Bitterhopfen sowie Braugerste aus den besten Anbaugebieten, feinste Hefe aus eigenen Reinzuchtanlagen und reinstes weiches Wasser aus brauereieigenen Tiefbrunnen.

Die Würzburger Hofbräu wurde 1643 vom mainfränkischen Fürstbischof Johann Philipp von Schönborg gegründet und ist heute das älteste noch bestehende Unternehmen Würzburgs. „Traditionen unter einem guten Stern" – in Erinnerung an den Gründer des Brauhauses ziert die Krone des Fürstbischofs auch heute noch den altehrwürdigen Braustern im Firmenzeichen der Würzburger Hofbräu.

Brauerei: Würzburger Hofbräu
Ort: Würzburg
Biertyp: untergäriges Export
Alkoholgehalt: 5,2 %
Stammwürze: 12,2 %
Farbe: hellgelb
Besonderes: regionale Bierspezialität mit langer Tradition

Nicht in Köln, sondern im Bergischen Land – hier der Blick auf die Wiehltalsperre – wird das **Zunft Kölsch** produziert.

Zischke Kellerbier Original

Süffiges, hefetrübes und unfiltriertes Kellerbier Pilsener Brauart mit besonderem, spritzigem Charakter – die urig-frische Bierspezialität in der traditionellen Bügelverschlussflasche. Das feinherbe Lagerbier besticht durch seinen milden Geschmack und seine charakteristisch helle Farbe. Den urigen Biertyp, gebraut nach deutschem Reinheitsgebot, gibt es auch in einer dunklen Variante: Zischke Dunkel, ein weiches, malzbetontes, körperreiches Kellerbier. Seine charakteristische dunkelbraune Farbe erhält es durch Verwendung von extra hergestellten Spezialmalzen.

Gebraut werden die naturfrischen Zischke-Biere von der Karlsberg Brauerei in Homburg. Tradition und Innovation prägten von Anfang an die Entwicklungsgeschichte der 1878 von Christian Weber gegründeten Brauerei. Mit einem sicheren Gespür für Trends hat sich das Unternehmen in den vergangenen Jahren zu einem innovativen Markensortimenter entwickelt.

Brauerei: Karlsberg Brauerei
Ort: Homburg
Biertyp: untergäriges Kellerbier Pilsener Brauart
Alkoholgehalt: 4,8 %
Stammwürze: 11,3 %
Farbe: goldgelb, naturtrüb
Besonderes: „Goldener Preis 2013" der DLG

Zunft Kölsch

Das Kölsch, das nicht aus der Domstadt kommt. Im oberbergischen Ort Bielstein wird seit dem Jahr 1900 Bier gebraut, und hier hat auch die Erzquell Brauerei Bielstein als „höchstgelegene Kölschbrauerei der Welt" ihre Braustätte. Eigentlich darf Kölsch nur in der Rheinmetropole gebraut werden, doch die traditionsreichen Brauereien im Umland, die sich schon immer auf das helle Obergärige spezialisiert hatten, genießen Bestandsschutz.

Nur aus den Rohstoffen Gerstenmalz, Hopfen, Reinzuchthefe und dem klaren, weichen Wasser aus eigener Quelle wird das Zunft Kölsch in der Erzquell Brauerei Bielstein gebraut. Seit vier Generationen ist die 1900 gegründete Regionalbrauerei in Familienbesitz. 2001 brachte sie als erste deutsche Brauerei ein alkoholarmes Kölsch-Mixgetränk auf den Markt: Black. Zwei Jahre hatten die Braumeister an dem neuen Produkt getüftelt – mit Erfolg: Es fand so großen Anklang, dass einige Zeit später das Zunft Radler folgte, eine Mischung aus Kölsch und Zitronenlimonade.

Brauerei: Erzquell Brauerei Bielstein Haas & Co.
Ort: Wiehl-Bielstein
Biertyp: obergäriges Kölsch
Alkoholgehalt: 4,8 %
Stammwürze: k.A.
Farbe: hellgelb
Besonderes: Kölsch, das nicht in Köln gebraut wird

Zwickauer Urtyp

Die urwürzige Exportbierspezialität mit der kräftig goldenen Farbe, gebraut von der Mauritius Privatbrauerei Zwickau. „Die Verwendung erlesener Rohstoffe wie Malz aus heimischer Braugerste, feinstem Aromahopfen und das hervorragende weiche Brauwasser aus dem Naturpark Eibenstock im Erzgebirge machen unsere Produkte zu einem Biergenuss besonderer Art", so die regional orientierte Brauerei. „Beste Zutaten aus unserer sächsischen Heimat, die Liebe zur Braukunst und die Erfahrung aus über 150 Jahren Brautradition machen unsere Zwickauer Bierspezialitäten zu einem einzigartigen Genuss."

1859 wurde der Zwickauer Brauverein gegründet, ein Jahr später der erste Sud für ein einfaches Bier angesetzt. Nach einer wechselvollen Geschichte wurde die Mauritius Brauerei in eine konzernunabhängige mittelständische Privatbrauerei umgewandelt. Heute ist sie eine der leistungsfähigsten Braustätten Sachsens.

Brauerei: Mauritius Privatbrauerei Zwickau
Ort: Zwickau
Biertyp: untergäriges Export
Alkoholgehalt: 5,5 %
Stammwürze: 12 %
Farbe: goldgelb
Besonderes: zahlreiche nationale Auszeichnungen

Glossar

Bier-Statistik

Der Bierabsatz belief sich in Deutschland 2012 auf 96,5 Millionen Hektoliter. Das sind rund 105,5 Liter Bier pro Kopf. An der Spitze der Beliebtheitsskala liegt nach wie vor das Pils, gefolgt von Export, Weizen und Hellem. Fast die Hälfte aller Frauen trinkt zumindest gelegentlich Bier. Dennoch trinken Männer im Vergleich zu Frauen immer noch fast die siebenfache Menge Bier im Jahr.

Brauereien

Laut Statistik gibt es in Deutschland 1.339 Brauereien und Braustätten, Haus- und Hobbybrauer nicht eingerechnet (Stand 2012). Mit 632 betrieblichen Braustätten liegt Bayern an der Spitze. Ca. 4.000 Biermarken sind im Freistaat beheimatet, das sind rund drei Viertel aller deutscher Biermarken.

Brauhexen

Bis weit über das Mittelalter hinaus wurden zum Bierbrauen die eigenartigsten Zutaten verwendet. Manchmal wanderten auch giftige Kräuter in den Sudkessel – für Magenkrämpfe nach dem Biergenuss wurden dann einfach Hexen verantwortlich gemacht und zur Verantwortung gezogen. Bis Ende des 16. Jahrhunderts wurde diesen Brauhexen der Prozess gemacht. Offiziell verlor 1591 die letzte Brauhexe auf dem Scheiterhaufen ihr Leben.

Brauverfahren

Je nach Brauverfahren unterscheidet man grundsätzlich zwischen untergärigem und obergärigem Bier. Beim untergärigen Bier befindet sich die Hefe nach Abschluss der Gärung am Boden, bei obergärigem Bier dagegen an der Oberfläche. Bekannte Vertreter der untergärigen Biere sind Helles, Märzen und Pils, bei den obergärigen Bieren sind es Alt, Kölsch und Weißbier.

Darren

Durch Erhitzen des Grünmalzes (s. Malz) mit heißer Luft wird der Keimvorgang in den Getreidekörnern gestoppt und den Körnern Wasser entzogen. Das Darrmalz enthält dabei sein typisches Malzaroma und seine farbbildenden Stoffe. Temperatur und Dauer des Darrens entscheiden, ob als Endprodukt helles oder dunkles Malz entsteht, aus dem später helles oder dunkles Bier gebraut wird.

Einpock

Die kleine Hansestadt Einbeck ist die Geburtsstadt des Bockbiers. Anfang des 16. Jahrhunderts gab es in Einbeck mehrere hundert Brauereien, die ihr Bier in alle deutschen Lande lieferten. Das Bier aus Einbeck hieß das „einpöckisch pier", später wurde daraus des „Einpock Bier", das sich zum „Bockbier" wandelte.

Flüssiges Brot

Die Klosterbrauereien hatten den Begriff „flüssiges Brot" für das Bier geprägt. Zum einen, weil der Gerstensaft den Klosterbrüdern und -schwestern tatsächlich als Nahrung an den strengen Fastentagen diente. Zum anderen, weil der Vergleich mit dem Brot auch einen handfesten Grund hatte: Die Hauptzutat für Bier und Brot ist Getreide.

Filtration

Nach der Lagerung werden bei klaren, sogenannten blanken Bieren die letzten noch im Bier vorhandenen Schwebeteilchen und Trubstoffe entfernt. Dann erst wird das Bier in Fässer, Flaschen oder Dosen abgefüllt. Bei unfiltrierten naturtrüben Bieren entfällt dieser Arbeitsschritt.

Hanse

Der Reichtum der Hansestädte gründete sich im Mittelalter in einem großen Maß auf den Exportschlager Bier. Im 14. Jahrhundert erlebten die im Hansebund zusammengeschlossenen Städte des Nordens einen wahren Boom. Hamburg galt als Brauhaus der Hanse, Bremen wurde bedeutendster Brauhandelsort.

Hefe

Die Hefe bringt die aus dem Malz gewonnene Würze (s. Maische) im Gärtank zum Gären. Dabei entstehen aus dem Malzzucker Alkohol und Kohlensäure. Nach der Art des Gärvorgangs und der verwendeten Hefe unterscheidet man zwischen „untergärigem" und „obergärigem" Bier. Beim untergärigen sinkt die Hefe nach Abschluss des Gärvorgangs nach etwa zehn Tagen auf den Boden des Gärbottichs, beim obergärigen steigt sie an die Oberfläche und schwimmt auf der Flüssigkeit. Nach Ende der Gärung wird die Hefe abgezogen.

Hopfen

Der Hopfen wird auch als die Seele des Biers bezeichnet. Er gibt dem Bier sein charakteristisches Aroma und seinen herben Geschmack. Außerdem erhöht Hopfen die Haltbarkeit des Biers und sorgt für eine schöne Schaumkrone. Der beste Hopfen kommt aus Tettnang (Baden-Württemberg) und der Hallertau (bayerisch: Holledau) in Bayern, dem größten zusammenhängenden Hopfenanbaugebiet der Welt.

Klosterbrauereien

Seit mehr als 1.000 Jahren wird in Klöstern Bier gebraut. „Liquida non frangunt ieunum" (Flüssiges bricht das Fasten nicht) besagte eine wichtige Fastenregel – jedem Mönch waren deshalb bis zu fünf Liter Bier pro Tag gestattet. Den Ruhm der ältesten Klosterbrauerei, die seit 1050 in Betrieb ist, beansprucht das Kloster Weltenburg bei Kelheim für sich. Weihenstephan gilt als die älteste noch existierende Brauerei der Welt.

Lagerung

Nach der Gärung reift das sogenannte Jungbier in Lagertanks. Je nach Biertyp dauert das bis zu drei Monaten. In dieser Zeit rundet sich der Geschmack des Bieres ab, gleichzeitig wird Kohlensäure gebunden und gibt dem Bier seine Spritzigkeit.

Malz

Malz gibt dem Bier Geschmack und Farbe. Es wird meist aus Gerste oder Weizen gewonnen, wobei Weizen vor allem für Weißbier/Weizenbier verwendet wird. Beim Mälzen werden die Getreidekörner zunächst in Wasser eingeweicht. Dabei bilden sich Enzyme, die später beim Brauen wichtig sind. Durch Trocknen (Darren) wird das Wachstum des „Grünmalzes"und damit die Enzymtätigkeit gestoppt.

Maische

Das Malz wird geschrotet und im Sudhaus mit Wasser zur Maische aufgekocht. Dabei lösen sich die im Malz enthaltenen Enzyme und spalten die im Korn enthaltenen Stärkemoleküle in Zuckermoleküle auf. Je nach Rezeptur kann das Maischen einige Stunden dauern. Dabei wird die Maische unterschiedlichen Temperaturen ausgesetzt, wobei immer mehr Stärke des Malzes in vergärbaren Zucker umgewandelt wird. Danach erfolgt im Läuterbottich die Trennung der Maische in die festen Bestandteile (Treber) und die zucker- und eiweißhaltige Flüssigkeit (Würze).

Obergärige Brauweise

Obergärige Biere wie Weißbier, Alt und Kölsch werden in offener Gärung bei 16–20 °C etwa vier Tage mit Hefe vergoren, die nach dem Brauen oben auf dem Sud schwimmt und dort einen gewaltigen weißen Schaum bildet, den „Kräusen". Für die Herstellung obergäriger Biere dürfen neben Gerste auch andere Getreide wie Weizen oder Dinkel sowie weitere Zusätze (Zucker, Zuckersirup, Zuckercouleur, Milchsäurebakterien) verwendet werden.

Reinheitsgebot

Das Reinheitsgebot von 1516 begründete den Weltruf des deutschen Biers. Es ist die älteste noch gültige lebensmittelrechtliche Vorschrift der Welt. Bis heute darf deutsches Bier laut Gesetz ausschließlich aus Malz, Hopfen, Hefe und Wasser hergestellt werden.

Stammwürzegehalt

Der Stammwürzegehalt bezeichnet das Verhältnis von Hopfen und Malz zu Wasser. Je nach Stärke des Stammwürzegehalts wird Bier in Einfach-, Voll- und Starkbier unterteilt. Bier mit einem höheren Stammwürzegehalt ist haltbarer.

Untergärige Brauweise

Beim Brauen von untergärigen Bieren wie Pils, Export und Märzen wird die Würze auf ca. 6 °C abgekühlt und sieben bis acht Tage mit Hefe vergoren, die sich nach dem Brauen am Boden der Gärgefäße absetzt. Vor der Erfindung der Kältemaschine durch Carl von Linde war die untergärige Brauweise nur in den Wintermonaten bei entsprechend kühlen Temperaturen möglich.

Würze

Zucker- und eiweißhaltige Flüssigkeit, die beim Maischen entsteht. Die Würze wird mit Hopfen versetzt, in der Würzepfanne gekocht und anschließend geklärt. Je nach Biersorte dauert das Kochen bis zu zwei Stunden. Je mehr Hopfen der Brauer zugibt, desto herber schmeckt später das fertige Bier.

Dank

Ganz herzlich danken wir folgenden Brauereien für ihre Unterstützung in Form von großzügiger Überlassung von Bildmaterial und Informationen:

Brauerei Schlenkerla, Brauerei Aldersbach Freiherr von Aretin, Alpirsbacher Klosterbräu Glauner, Altenburger Brauerei, Klosterbrauerei Weissenohe, Hofbrauhaus Heinrich Brüne, Klosterbrauerei Andechs, Vereinsbrauerei Apolda, Apostelbräu Rudolf Hirz, Arcobräu Gräfliches Brauhaus, Artland Brauerei Hof Renze, Holsten Brauerei, Auerbräu, Aufsesser Brauerei Frank Rothenbach, Augustiner-Bräu Wagner, Brauerei Aying, Baisinger BierManufaktur Teufel, Brauerei Gebrüder Maisel, Karlsberg Brauerei, Brauerei Beck, Privatbrauerei Haffner, Berliner-Kindl-Schultheiss-Brauerei, Schussenrieder Brauerei, Brauerei Bischofshof, Bitburger Brauerei Th. Simon, Hirschbrauerei Schilling, Privatbrauerei Bolten, Brauerei Bosch, Brauhaus Höchstadt/Aisch, Brauhaus Südstern, Mumme-Brauerei H. Nettelbeck, Brauerei Brinkhoff, Chiemgauer Brauhaus, Colbitzer Heidebrauerei, Feldschlößchen, Dortmunder Actien-Brauerei, 1. Dampfbierbrauerei Zwiesel, Darmstädter Privatbrauerei, Privat-Brauerei Strate, Brauerei Diebels, Dinkelacker-Schwaben Bräu, Distelhäuser Brauerei, Kronen Privatbrauerei Dortmund, Dortmunder Union-Ritter Brauerei, Privatbrauerei Eibau, Einbecker Brauhaus, Biermanufaktur Engel, Brauerei Erharting Jakob Röhrl, Brauhaus Faust, Fischer's Brauhaus, Flensburger Brauerei Emil Petersen, Flötzinger Brauerei, Brauhaus Schweinfurt, Frankfurter Brauhaus, Spaten-Franziskaner -Bräu, Freiberger Brauhaus, Cölner Hofbräu P. Josef Früh, Fürstlich Fürstenbergische Brauerei, Privatbrauerei Gaffel Becker & Co, Gambrinus-Brauerei, Brauerei Ganter, Eick Bräu/Gievitzer Braumanufaktur, Haus Kölscher Brautradition, Gilde Brauerei, Brauerei Franz-Xaver Glossner, Brauerei Gold Ochsen, Gottsmannsgrüner Brauerei, Bayrische Graf zu Toerring-Jettenbach Brauereien, Vereinsbrauerei Greiz, Haake-Beck Brauerei, Westerwald-Brauerei H. Schneider, Hacker-Pschorr, Löwenbrauerei Hall Fr. Erhard, Hasseröder Brauerei, Brauerei Hauf, Helios-Braustelle, Altöttinger Hell-Bräu, Brauerei Heller, Herforder Brauerei, Herrmannsdorfer Landwerkstätten, Hessisches Löwenbier, Hütt-Brauerei, Schlossbrauerei Stöckle Schmieheim, Hirschbrauerei Honer, Privatbrauerei Hoepfner, Staatliches Hofbräuhaus München, Hofmark Brauerei, Hövels Hausbrauerei, Gräfliches Hofbrauhaus Freising, Brauerei Gasthof Grasser, Innstadt Brauerei, Klosterbrauerei Irsee, Privatbrauerei Iserlohn, Brauerei Stolz, Friesisches Brauhaus zu Jever, Karlsberg Brauerei, Martini Brauerei, Kauzen-Bräu, Keiler Bier, Privatbrauerei Wilhelm Ketterer, Biermanufaktur Ettensberg Markus Klier, Rother Bräu Bayerische Exportbierbrauerei, Brauerei Kneitinger, König-Brauerei, Königsbacher Brauerei, Königsbräu Majer, Köstritzer Schwarzbierbrauerei, Brauerei Wilhelm Krieger, Krombacher Brauerei, Kulmbacher Brauerei, Brauerei Ladenburger, Lahnsteiner Brauerei, Brauerei Lasser, Brauerei Max Leibinger, Brauerei Bub, Licher Privatbrauerei Jhring-Melchior, Löwenbräu, Bayerische Löwenbrauerei Franz Stockbauer, Mecklenburgische Brauerei Lübz, Brauerei Kaiserhof, Maierbräu, Martinsbräu, Schlossbrauerei Maxlrain, Privatbrauerei Moritz Fiege, Brauerei zur Malzmühle Schwartz, Neumarkter Lammsbräu Gebr. Ehrnsperger, Oettinger Brauerei, Klosterbrauerei Neuzelle, Brauerei Königshof, Ostfriesen Bräu, Paderborner Brauerei, Palmbräu Eppingen, Paulaner Brauerei, Pfungstädter Brauerei Hildebrand, Privatbrauerei Pinkus Müller, Ratsherrn Brauerei, Brauerei S. Riegele, Ritterguts Gose, Privatbrauerei Rogg, Rosenbrauerei Pößneck Richard Wagner, Badische Staatsbrauerei Rothaus, Scherdel Bier, Kronenbrauerei Alfred Schimpf, Brauerei Schlappeseppel, Brauerei Schlösser, Privat-Brauerei Schmucker, Weisses Bräuhaus G. Schneider & Sohn, Brauerei Spezial Fam. Merz, Spreewälder Privatbrauerei 1788, Löwenbrauerei Passau, Störtebeker Braumanufaktur, Stuttgarter Hofbräu, Herzoglich Bayerisches Brauhaus Tegernsee, Schlossbrauerei Herrengiersdorf, Uerige Obergärige Hausbrauerei, Berg Brauerei Ulrich Zimmermann, Unertl Weißbier, Privatbrauerei Sauer & Hartwig, Brauerei C. & A. Veltins, Privatbrauerei Waldhaus Joh. Schmid, Warburger Brauerei Kohlschein, Warsteiner Brauerei Haus Cramer, Bayerische Staatsbrauerei Weihenstephan, Klosterbrauerei Weltenburg, Wernesgrüner Brauerei, Privatbrauerei M. C. Wieninger, Winkler Bräu, Privatbrauerei Wittingen, Brauerei C. Wittmann, Brauerei Wolferstetter Georg Huber, Hofbrauhaus Wolters, Würzburger Hofbräu, Erzquell Brauerei Bielstein Haas & Co., Mauritius Privatbrauerei Zwickau

Bildnachweis

Die Bildrechte aller Abbildungen von Biermarken (Flaschen und Gläser) im Teil „Marken und Brauereien" liegen bei den jeweils vorgestellten Brauereien bzw. Markenrechtsinhabern.

pa • picture alliance:
6/7 D. Harms/Wildlife, 10 Bildagentur-online, 11 Frank Mächler (u.), 13 Guido Bergmann (u.), 14 Erich Lessing (o.), 14/15 Christopher Rennie (u.), 16 Prismaarchivo (o.), 17 Prismaarchivo (u.), 20 H. Wilhelmy, 21 SZ Photo (o.), 22 A. Koch, 23 Markus C. Hurek, 24 Mary Evans Picture Library (o.), akg-images (u.), 26 Florian Monheim (o.), 27 Hans Joachim Rech, 29 Thomas P. Widmann, 32 Schütze/Rodemann (u.), 37 Gräfenhain/Bildagentur Huber (o.), 38 Weiss (u. l.), 39 Gräfenhain/Bildagentur Huber (l.), 40 akg-images, 41 Imagno (l.), Ihlow (r.), 50 Tobias Hase, 54 u. 55 (u.) Reinhardt Schmidt/Bildagentur Huber, 56 u. 57 (u.) Armin Weigel, 58 Inga Kjer, 59 Ralph Goldmann (r.), 60/61 Daniel Karmann, 65 Kay Maeritz (l.), 73 Andreas Gebert (o.), 74 Roland Holschneider (o.), 75 David Ebener (l. u. r.), 77 Fritz Buchholz (o.), 80/81 Sabine Weyland, 89 Peter Förster (u.), 90 akg-images (r.), 94 Rainer Hackenberg (o.), 97 Synnatschke Photography (o.), 98 Gräfenhain/Bildagentur Huber (o.), 103 Mehlig/Bildagentur Huber (o.), 104 Lisa Hammel, 106 Ralph Goldmann (u.), 109 bildagentur-online, 114 Paul Mayall (o.), 120 Jens Wolf (r.), 125 Stephan Rumpf (o.), 132 Uwe Zucchi (o.), 139 Daniel Karmann (o.),140 Armin Weigel (u.), 155 Jens Büttner (l.), 165 Eibner-Pressefoto (u.), 166 Reinhardt Schmidt/Bildagentur Huber (o.), 168/169 Markus C. Hurek (o.), 171 chromorange (o.), 177 Friedel Gierth (o.), 190/191 R. Kiedrowski (u.), 198/199 Artcolor (o.), 204 Holger Klaes/Bildagentur Huber (o.)

iStockphoto:
2 Vladan Milisavljevic, 11 Vladan Milisavljevic (o.), 15 Ernst Fretz (o.), 16 lilly3 (u.), 32 Ulrich Schade (o.), 33 Björn Kindler (o.), 33 ugurv (u.), 34 ra-photos (o.), Garik Klimov (u.), 35 Zoran Kolundzija (o.), 36 Karl-Friedrich Hohl (l.), Valentyn Volkov (r.), 37 Scott Kochsiek (u.), 38 interlight (o.), rclassenlayouts (u. r.), 39 Ljupco (r.), 44 kabVisio (l.), Nikada (r.), 45 Hofmark Brauerei, 46 Richard Schmidt-Zuper, 49 John Godden, 51 manfredxy (u.), 53 Björn Kindler (r.), 66 Prill Mediendesign & Fotografie, 86 Roman Sigaev, 110 Arseniy Chervonenkis (o.), 152/153 Björn Kindler (o.), 162 Yuly Azrelyan (o.), 183 elxeneize (u.), 197 GgWink (u.), 200 manfredxy (o.), 203 Sack (o.)

Alle anderen Fotos:
4/5 Claudio Martinez, 8/9 Alpirsbacher Klosterbräu Glauner, 12 Brauerei Bosch (o.), Brauerei Südstern (u.), 13 Bergbrauerei Ulrich Zimmermann (o.), 18/19 Klosterbrauerei Irsee, 21 Störtebeker Braumanufaktur (u.), 25 Brauhaus Faust, 26 Brauerei Spezial (u.), 28 Warsteiner Brauerei Haus Cramer (o.), 30 Eick Bräu/Gievitzer Braumanufaktur (o.), Mecklenburgische Brauerei Lübz (u.), 31 Weisses Bräuhaus G. Schneider & Sohn (u.), 35 Michael Ditter (u.), 42 Löwenbrauerei Hall Fr. Erhard, 43 Herzoglich Bayerisches Brauhaus Tegernsee (o.), Privatbrauerei Haffner (u.), 47 Brauerei Heller (l.), Privatbrauerei Gaffel Becker & Co (r.), 48 Uerige Obergärige Hausbrauerei, 51 Staatliches Hofbräuhaus München (o.), 52 Scherdel Bier, 53 Staatliches Hofbräuhaus München (l.), 55 Störtebeker Braumanufaktur (o.), 57 Georg Tscheuschner (o.), 59 Peter Schaffarth (l.), 62 Brauerei Schlenkerla, 63 Brauerei Aldersbach Freiherr von Aretin, 67 Falk Heller, Thomas Einberger (l.), 69 Arcobräu Gräfliches Brauhaus (l), 70/71 Auerbräu (o.), 79 Schussenrieder Brauerei (o.), 82 Privatbrauerei Bolten, 85 Brauerei Bosch, 92/93 Darmstädter Privatbrauerei (M.), 98 ein-satz-zentrale (l.), 100 Brauerei Faust, 113 Brauerei Faust, 117 Bayerische Graf zu Toerring-Jettenbach Brauereien (o.), 119 Haller Löwenbräu (u.), 122 Brauerei Heller, 126 Klosterbrauerei Irsee, 129 Staatliches Hofbräuhaus München (o.), 130 Hofmark Brauerei (u.), 135 Klosterbrauerei Irsee (o.), 136 Friesisches Brauhaus zu Jever (u.), 142 Brauerei Kneitinger (o.), 145 Königsbräu Majer (u.), 146 Brauerei Wilhelm Krieger (o.), 149 Lahnsteiner Brauerei (l.), 151 Brauerei Max Leibinger (u.), 157 Martinsbräu (o.), 158/159 Katja Herrle/Connecting Art (o.), 160/161 Bettina Engel-Albustin/Foto Agentur-Ruhr (u.), Claudia Bettray (o.), 162 Staatliches Hofbräuhaus München (o.), 172/173 Ritterguts Gose, 174 Badische Staatsbrauerei Rothaus (o.), 178/179 Privatbrauerei Schmucker, 180 Weisses Bräuhaus G. Schneider & Sohn (o.), 182 Klosterbrauerei Neuzelle (u.), 184/185 Brauerei Spezial, 186 Spreewälder Privatbrauerei 1788 (o.), 188 Stuttgarter Hofbräu, 190/191 Uerige Obergärige Hausbrauerei, 193 Unertl Weißbier (o.), 195 Warburger Brauerei (u.), 196 Warsteiner Brauerei Haus Cramer (o.)